OEUVRES
DE
THÉODORE DE BANVILLE

OCCIDENTALES — RIMES DORÉES

RONDELS — LA PERLE

PARIS
ALPHONSE LEMERRE, ÉDITEUR
23-31, PASSAGE CHOISEUL, 23-31

M DCCC XCI

OEUVRES

DE

THÉODORE DE BANVILLE

OEUVRES

DE

THÉODORE DE BANVILLE

OCCIDENTALES — RIMES DORÉES
RONDELS — LA PERLE

PARIS
ALPHONSE LEMERRE, ÉDITEUR
23-31, PASSAGE CHOISEUL, 23-31
—
M DCCC XCI

OCCIDENTALES

1855-1874.

Écoute : quand d'Allah la puissance féconde
Jadis pour ses enfants a fait deux parts du monde,
Aux Arabes qu'il aime il dit en souriant :
Vous êtes mes aînés, et voici l'Orient :
Cette terre est à vous de Tanger à Golconde,
Et vous l'appellerez le paradis du monde.
Puis, d'un œil de courroux ensuite regardant
Vos pères, il leur dit : Vous aurez l'Occident.

     ALEXANDRE DUMAS, *Charles VII*.

A PIERRE VÉRON

Vous le savez, mon cher ami, j'avais composé tout jeune encore, pour quelques poëtes et pour moi, les premières esquisses, plus tard augmentées, dont le caprice d'un ami, d'un éditeur artiste, Poulet-Malassis, a fait les Odes funambulesques. Mais, le livre une fois publié, j'avais bien résolu d'en rester là. Content d'avoir fait pressentir le parti immense que la langue française pourrait tirer de l'élément bouffon uni à l'élément lyrique, je voulais me borner à l'avoir indiqué, laissant à un héritier d'Aristophane et du grand Heine (s'il en doit venir) la gloire de réaliser ce que j'avais seulement osé entrevoir.

Mais qui de nous fait jamais ce qu'il s'est proposé de faire? Une première fois, j'ai manqué à la parole que je m'étais donnée, en écrivant, à la prière de mon cher ami Gustave Bourdin, pour Le Figaro *hebdomadaire, quelques-unes des odes qui composent ce volume, et je me disais à part moi: Je ne ferai pas un pas de plus! Cependant vous m'avez demandé, et je n'oublierai jamais avec quelle grâce, d'écrire pour vous des Occidentales, à un âge, hélas! où l'on a désappris le sourire. Vous me disiez avec raison que nos orateurs et nos gommeux de 1867, habillés à l'anglaise et coiffés en coup de vent, ne le cèdent en rien, comme comique, à leurs aînés de 1849: et moi, comment aurais-je refusé de donner à mes croquis la consécration de ce* Charivari *étincelant de verve satirique et bouffonne, qui est leur patrie naturelle?*

S'il m'était permis de reprendre pour un jour le luth écarlate sur lequel fredonna si follement en rimes d'or ma première jeunesse, n'était-ce pas dans ce journal, où vous faites chaque jour et sans compter, vous et vos collaborateurs, une si prodigieuse dépense d'esprit, menant à bout, comme en vous jouant, une tâche effroyable, et où les Daumier, les Gavarni, les Grandville, les Cham, les Henri Monnier ont écrit page par page un commentaire indestructible de la Comédie politique et de la Comédie humaine?

Du moins j'aurais dû laisser dans le journal ces feuillets écrits à la hâte, et ne pas leur imposer la redoutable épreuve du livre. Mais voici maintenant mon cher éditeur Alphonse Lemerre qui en décide autrement, et qui dit avec raison que je lui appartiens. Forcé de laisser réimprimer nos Odes, je ne vois qu'un moyen d'obtenir pour elles l'indulgence du public : c'est, mon cher ami, de vous les dédier, chose si juste d'ailleurs, puisqu'elles ont été écrites pour vous et qu'elles sont à vous. Les lecteurs ont si accoutumé d'associer à votre nom l'idée de succès que mon livre profitera peut-être ainsi de leur habitude prise : c'est du moins l'espoir dont se berce assez étourdiment votre collaborateur et ami dévoué

THÉODORE DE BANVILLE.

Paris, le 10 avril 1869.

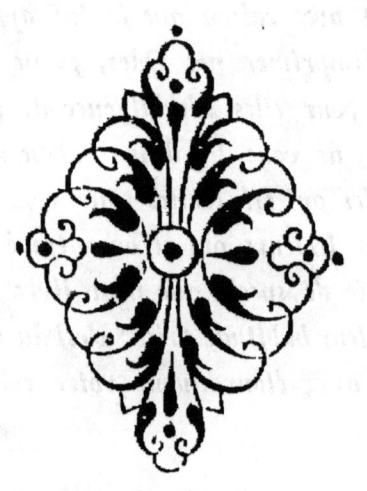

OCCIDENTALES

La Satyresse

FRONTISPICE, A LÉOPOLD FLAMENG

Ce n'est pas dans une maison
Qu'elle endort tes joyeuses fièvres,
Printemps charmeur, quand tu nous sèvres
Du lait amer de la Raison;

Mais par les prés en floraison
Elle a sa double flûte aux lèvres!
Indocile comme les chèvres,
Elle s'assied dans le gazon,

Et jeune, folâtre, ingénue,
Offrant sa belle gorge nue
Au zéphyr de ces lieux déserts,

La Satyresse aux yeux fantasques
Fait danser, en jouant des airs,
Une troupe de petits masques.

Mars 1869.

La Pauvreté de Rothschild

L'AUTRE jour, attendant vainement de l'argent
    Qui me vient du Hanovre,
Je pleurais de pitié dans la rue, en songeant
    Combien Rothschild est pauvre.

J'étais sans sou ni maille, appuyé contre un fût,
    Ainsi que Bélisaire;
Mais ce que je plaignis amèrement, ce fut
    Rothschild et sa misère.

Oh! disais-je, le temps c'est de l'argent. Eh bien!
    Sans que l'heure me presse,
Je puis chanter selon le mode lesbien,
    Ne pas lire LA PRESSE,

Me tenir au soleil chaud comme un œuf couvé,
    Et, bayant aux corneilles,
Me dire que Laya, Ponsard et Legouvé
    Ne sont pas des Corneilles;

Je puis voir en troupeaux, menant dès le matin
        Les Amours à leurs trousses,
Des drôlesses de lys, de pourpre et de satin,
        Brunes, blondes et rousses;

Je puis faire des vers pour nos derniers neveux,
        Et, sans qu'il y paraisse,
Baiser pendant trois jours de suite, si je veux,
        Le front de la Paresse!

Et Paris est à moi, Paris entier, depuis
        Le café que tient Riche
Jusqu'au théâtre où sont Alphonsine et Dupuis:
        C'est pourquoi je suis riche!

Mais lui, Rothschild, hélas! n'entendant aucun son,
        Ne faisant pas de cendre,
Il travaille toujours et ne voit rien que son
        Bureau de palissandre.

Lorsque par les chevaux de flamme à l'Orient
        Cent portes sont ouvertes,
Et que, plein de chansons, je m'éveille en riant,
        Il met ses manches vertes.

Tandis que pour chanter les Chloris je choisis
        Ma cithare ou mon fifre,
Lui, forçat du travail, privé de tous lazzis,
        Il met chiffre sur chiffre.

Il fait le compte, ô ciel! de ses deux milliards,
   Cette somme en démence,
Et, si le malheureux s'est trompé de deux liards,
   Il faut qu'il recommence!

O Monselet! tandis que, bravant l'Achéron,
   Chez Bignon tu t'empiffres,
Le caissier de Rothschild dit : Monsieur le baron!
   Il faut faire des chiffres.

Oh! que Rothschild est pauvre? Il n'a pas vu Lagny;
   Il n'a jamais de joie.
Le riche est ce poëte appelé Glatigny,
   Le riche c'est Montjoye.

O Muse! que Rothschild est pauvre! Aux bois, l'été,
   Jamais le soleil jaune
Ne l'a vu. C'est pourquoi je suis souvent tenté
   De lui faire l'aumône.

  Juillet 1863.

Courbet, seconde manière

Réalisme, oripeau démodé, vieille enseigne,
Tu n'as plus ce héros qui te rafistolait.
Il faut te dire adieu, quoique mon cœur en saigne :
Courbet ne tire plus de coups de pistolet.

Il est sage à présent : c'en est fait des caprices
Étranges et bouffons que ce réaliste eut.
Succès ! il était temps enfin que tu le prisses,
Et je vois devant lui se dresser l'Institut.

C'en est fait des lutteurs dont la chair était bleue,
Des nez extravagants, des yeux à demi ronds !
Courbet transfiguré ne coupe plus la queue
De ses chiens. Il n'est plus qu'admirable. Admirons.

Ses tableaux, attaqués avec un zèle habile,
Qu'on ne voyait jadis que dans Ornans, ornant
Les salons bourgeois, ont enfin usé la bile
Des vingt critiques d'art, qui vont le flagornant !

Au temple de la Gloire il vient, un dieu le porte.
Gautier devant ses pas s'incline, et Pelloquet
Rayonnant et pensif lui dit : Voici la porte !
Et Saint-Victor s'apprête à tourner le loquet.

C'est justice, et Courbet s'en va dans la verdure,
Ivre de l'air salubre et du chant des bouvreuils.
Il a violemment épousé la Nature
Au fond d'un bois, dans la remise des chevreuils.

Printemps luxurieux dont Avril fait la couche,
O printemps verdoyant, c'est toi qui les ombras,
Les rochers où dormait cette Reine farouche :
Courbet sans dire un mot l'empoigna dans ses bras.

C'est en vain qu'éveillée en sursaut, cette Nymphe
Cacha de ses deux mains son corps puissant et doux
Où le sang est bien plus abondant que la lymphe,
Et lui cria : Monsieur, pour qui me prenez-vous ?

Car le maître d'Ornans l'emporta dans son aire,
Et, fougueux, lui ferma la bouche ardente avec
Un baiser appuyé comme un coup de tonnerre,
En lui disant tout bas : Va te plaindre à l'art grec !

Voilà comment les gens qui ne sont pas timides
Savent mener à bien leurs affaires de cœur.
Or, la Nymphe, en rouvrant ses yeux d'amour humides,
Dit au paysagiste heureux : O mon vainqueur !

O mon roi! tu m'as fait une cour un peu vive,
Mais j'aime la franchise, et je ne t'en veux plus!
Prends mes ruisseaux dormants sous la grotte pensive,
Prends tout! prends mes rochers et mes bois chevelus!

C'est ainsi que le maître a fait ce paysage
Où, sous la frondaison murmurante des bois
Dont la masse frémit dans l'air comme un visage,
Frissonne ce ruisseau, si vivant que j'y bois!

Et puisque sa peinture est vraiment si bien mise
Dans ce chef-d'œuvre clair, ouvré comme un bijou,
Ma foi! pardonnons-lui sa femme sans chemise,
Dont les cheveux sont faits de copeaux d'acajou!

Car ce puissant génie ailé qui se déploie
En liberté, parfois a ses licences, mais
Se trompe encore avec une robuste joie,
Et ceux qui ne font rien ne se trompent jamais!

  Mai 1866.

Molière chez Sardou

L'autre matin, Sardou, si fort pour assortir
    Le faux au véritable,
Convoqua les esprits frappeurs, et fit sortir
    Molière d'une table.

— Oh! lui dit-il, esprit qui fuyais le roman!
    Tes prunelles hardies
Voient Paris, tel qu'il a grandi : compose-m'en
    De bonnes comédies.

Regarde. L'Institut, qui s'est toujours montré
    Si bon fonctionnaire,
Se repose, et Littré, qu'il ne croit pas lettré,
    Fait son dictionnaire.

Sur Dieu même, un trouveur d'amusettes, Renan,
    Ose épancher sa bile,
Et parmi les diseurs de rien, certes, je n'en
    Sais pas de plus habile.

About refait Balzac, — audace à la Danton
　　　Que la critique appuie, —
Mais Balzac tout meurtri dit : J'étouffe dans ton
　　　Fourreau de parapluie !

Crockett mord des lions et leur mange les dents :
　　　Mais, pour charmer la ville
Aux dépens de Crockett, Hermann prend un ours dans
　　　Les cartons de Clairville.

Melpomène, laissant au classique lambin
　　　Ses tremblantes Electres,
A donné désormais sa pratique à Robin,
　　　Qui la fournit de spectres.

Les hommes, ces menteurs, sont redevenus francs,
　　　Et, sans nul stratagème,
Disent à leur idole : O pièce de cinq francs,
　　　C'est toi seule que j'aime !

S'ils veulent que Cypris leur ouvre son verger,
　　　Les gandins à barbiches
Achètent des cailloux comme en a Duverger,
　　　Et les offrent aux biches.

Et l'Amour chante en vain ses plus vifs allegros
　　　S'il ne met pour agrafe
Aux robes de sa belle un diamant plus gros
　　　Qu'un bouchon de carafe.

Le Soleil, dieu jadis, est devenu goujat ;
    Il vend, il sophistique.
Chez Disdéri, chez Franck, chez Petit, chez Carjat
    Il s'est fait domestique.

Il peint le sous-préfet, le sultan, l'hospodar,
    Les nègres, les Valaques !
Même il cire au besoin les bottes de Nadar
    Et lui lèche ses plaques.

Vois à quel siècle étrange, adorable et malin,
    About et moi, nous plûmes !
Admire ces passants, mon ami Poquelin,
    Et prête-moi tes plumes ! —

Ainsi parla Sardou. Molière interpellé
    Dit d'un ton lamentable :
— Si c'est pour voir cela que tu m'as appelé,
    J'étais mieux dans la table.

J'ai mis dans mes tableaux tout ce qui vit de pain,
    Éliante modeste,
L'Avare et le Jaloux et Tartuffe et Scapin
    Et le sublime Alceste ;

Et même Célimène aux dangereux appas
    Et le Roi notre sire,
Mais Fagotin m'assomme, et je ne montre pas
    Les figures de cire !

   Juillet 1863.

Ballade du premier jour de l'an
pour
les étrennes de tout le monde

Je souhaite bon jour, bon an
A monsieur Chose, à Mistenflûte,
Au tambour qui fait : Rataplan !
Au rimeur que rien ne rebute,
A l'Auteur meurtri de sa chute,
A ceux dont l'ours a réussi,
A ces clowns qui font la culbute,
Bref, à tous les autres aussi.

A ce très malheureux Titan
Qu'un vautour obstiné charcute,
A Veuillot, à monsieur Renan
Qui tourne sa phrase en volute,
A Hugo qui persiste et lutte,
A monsieur Loyau de Lacy
Qui dans un âge mûr débute,
Bref, à tous les autres aussi.

Au Russe, au Valaque, au Persan,
Au Lapon courbé dans sa hutte,
Aux gens d'Alep et d'Ispahan,
Au Chinois que Pékin députe,
Au Tova peint en gomme-gutte,
Au Montmartrois, de froid transi,
Qui demeure sur une butte,
Bref, à tous les autres aussi.

ENVOI

J'adjure Dieu, dont l'œil nous scrute,
D'accorder pardon et merci
Aux joueurs de luth et de flûte,
Bref, à tous les autres aussi.

1ᵉʳ janvier 1874.

Soyons carrés

Rien ne change ici-bas. O mon cœur, c'est la règle !
    Guignol est à Lyon,
Non ailleurs ; le hibou ne peut devenir aigle,
    Ni le renard, lion.

Ne cherchons pas au bal Mabille Terpsichore
    Ni Phébus au Congo ! —
Que celui qui faisait le mal le fasse encore !
    Dit un vers de Hugo :

Il a raison. — Toujours le vice indélébile
    S'attache à notre flanc,
Toujours le bilieux souffrira de la bile,
    Et le sanguin, du sang.

Toujours Polichinelle arbore sur sa trogne
    La pourpre, comme un dieu,
Et le cygne est toujours blanc, et toujours l'ivrogne
    Retourne à son vin bleu,

Sans que, sous le soleil qui fait grandir la vigne,
    Rien l'en puisse empêcher,
Et toujours on verra le pêcheur à la ligne
    — A la ligne pêcher.

Donc, puisque notre siècle, ayant peur qu'il s'aigrisse,
    Mélange avec le sel
Attique le bon sens farouche de Jocrisse
    Et de Cadet Roussel,

Puisqu'il a pris chez lui la folie en sevrage,
    (Si j'en crois L'UNION,)
Que ce siècle fantasque ait au moins le courage
    De son opinion !

O Vésuve, toujours tu grondes et tu fumes,
    Comme un feu de Barnett !
Ainsi que toi, soyons toujours ce que nous fûmes,
    Au moins ce sera net !

Que le Parisien, docile comme un nègre
    Que le dur colon bat,
Quand Thérésa lui semble une médecine aigre,
    Avale Colombat !

Que Sarcey, — si distrait ! — prenne madame Doche
    Pour la Comtesse Dash,
Et qu'il écrive, ainsi que le ferait Clodoche,
    GAUTHIER, — avec un H !

Que Dumas, dédaignant de rendre la parole
   Aux héros qu'il a peints,
Se penche avec amour sur une casserole
   Et saute des lapins !

Que l'actrice en renom, qui sur sa gorge plaque
   Cent mille diamants,
Méprise les bravos sincères de la claque,
   Les bouquets, les amants,

Et, se couvrant d'un sac, trouve le palissandre
   Comme l'acajou vain,
Quand son succès d'hier s'est vu réduit en cendre
   Par le cruel Jouvin !

Qu'à la Bourse le miel suave de l'Hymette
   Soit au plus bas coté,
Et que le mois prochain, monsieur de Rothschild mette
   De l'argent de côté !

Que l'essor du progrès plaise à monsieur Prudhomme !
   Tandis qu'Alphonse Karr
Déteste Paris, plus que ne détestait Rome
   L'héritier d'Amilcar !

Que, savant à conter les malheurs de l'Autriche,
   Le journal de Vitu
Savoure le succès nouveau qui le fait riche,
   Et qu'il a si vite eu !

Que Durantin, cruel pour les muses éprises
    De leur laurier si vil,
Fasse avec un faux nez de bonnes pièces, — prises
    Dans le Code civil !

Que Ponson du Terrail sous la muraille raille,
    Et que, dans son sérail,
L'amante braille avec un grand bruit de ferraille,
    Par chaque soupirail !

Que Legouvé, sublime et fier, lime sa rime !
    Que sans nul intérim
Le bon PETIT JOURNAL, toujours minime, imprime
    Quelque frime de Trimm !

Qu'un célèbre docteur, — nommé souvent : mon ange ! —
    Vive entouré d'acteurs
Et d'actrices aussi ! Que Villemessant change
    Parfois de rédacteurs !

Qu'au bal, Fille-de-l'Air, en plus d'une rencontre,
    Sans immoralité,
Élève jusqu'aux cieux toute sa jambe, et montre
    Sa grande agilité !

Que dans son vieux logis, qu'un soir nous effondrâmes
    Avec Tragaldabas,
Marc Fournier mette un peu de ballets dans les drames
    Pour remplacer RUY BLAS !

La Féerie a vaincu, — pas d'argent, pas de suisses ; —
  Et ce plaisir des Dieux,
Si fort prisé, consiste à voir quatre cents cuisses.
  C'est absurde. Tant mieux.

C'est bien. Ne troublons pas l'escadron des Chimères,
  Quoi que vous en disiez.
Soyons calmes. Laissons les enfants à leurs mères,
  Les roses aux rosiers,

Et ne dérangeons rien, ni Paris qui s'admire,
  Ni Fanfan Benoiton,
Ni les négociants qui font du cachemire
  En bourre de coton ;

Ni, dans la majesté de leur gloire apparente,
  Ces Lilliputiens
Aux poses de Titans, qu'on nomme les Quarante
  Académiciens ;

Ni les vieux feuilletons poussifs, ni l'art infirme,
  Ni l'amour triste et laid :
Car, ainsi que monsieur de Voltaire l'affirme,
  Tout est bien comme il est !

 Août 1866.

A la Biche empaillée

qui figurait à la Porte-Saint-Martin

dans *La Biche au Bois*

Depuis que, renonçant à vivre,
La Féerie est sans picotin,
Et que l'on a, comme un sot livre,
Fermé la Porte-Saint-Martin,

On plaignit, lorsque vous partîtes,
Biches et divertissement,
Les choses grandes et petites
Qu'abrita ce vieux monument,

Les beaux trucs, les portions nues
De mademoiselle Delval,
Frédérick marchant dans les nues
Et le souvenir de Dorval, —

O théâtre que je harangue ! —
Et les auteurs, que tu n'avais
Invités qu'à tirer la langue
Devant les danses de navets !

Si la franchise me décore,
Puis-je, sans faire four, nier
Qu'à Paris on plaignit encore
La défaite de Marc Fournier?

On dit, et partout vous le lûtes :
— Celui que la détresse prit
Si vite, après vingt ans de luttes,
Fut toujours un homme d'esprit.

Peut-être qu'il perdit la tête
Au son de la flûte et des cors;
Mais quoi! C'est la muse qu'il tête.
Il valait mieux que ses décors.

Il ignorait ce fait immonde
Qu'ici-bas cinq et cinq font dix. —
Et c'est ainsi que tout le monde
Eut sa part au DE PROFUNDIS.

Toi seule, qui, toujours raillée,
Figurais dans LA BICHE AU BOIS,
Pauvre BICHE, seule empaillée
Parmi tout ce monde aux abois!

Tu pars sans qu'un mot te console,
BICHE, qui sans doute à présent
Figures sur une console
Dans le Marais, triste présent

Offert par le tremblant concierge
De ce théâtre où tu perchas,
A quelque antique et douce vierge
Immobile entre ses deux chats!

Nul ne t'a célébrée, ô Biche,
Qui, pendant deux mille soirs, fis
Beaucoup plus d'argent que Labiche!
Biche insensible à nos défis!

Biche marchant sur des basanes!
Qui, pour t'exempter de tout soin,
Comme beaucoup de courtisanes,
Au lieu de cœur avais du foin!

Biche! en tes yeux d'Iphigénie,
Tes auteurs, qu'un succès absout,
Mettaient l'éclair de leur génie :
En d'autres termes, — rien du tout.

Autour de toi, vingt-huit danseuses,
Passant et sautant deux à deux,
Agitaient leurs jambes osseuses
Où faisaient voir des monts hideux,

Et, triste gloire de ces bouges,
Des bocaux montraient, sans haillon,
Au lieu de poissons, des dos rouges
Parmi quelques flots de paillon!

Tout cela pour te faire fête,
Pour justifier ton emploi,
Biche! et maintenant, pauvre bête,
Il n'est plus question de toi.

Eh bien, non! si ce temps bégueule
T'oublie, il ne sera pas dit
Qu'ainsi tu disparaîtras seule
Dans le bruit qui nous assourdit!

C'est pourquoi je t'offre cette ode,
O Biche de La Biche au Bois
Qu'un flot de poussière corrode.
Je t'ai versé le nectar. Bois!

Exempte de remords et d'ire,
Biche que nul ne doit plus voir,
Moisis en paix! car tu peux dire :
— J'ai fait du mal sans le savoir,

Et l'on m'empêchait d'être immonde,
Hélas! rien qu'en m'époussetant. —
Combien de biches dans le monde
Ne pourraient pas en dire autant!

Juin 1868.

A vol d'oiseau

La Landelle et Nadar sont partis en ballon
      Par la température
Qu'il fait, et cependant, sans eux ici-bas l'on
      Pond sa littérature.

Oh! de l'azur, où mille astres exorbitants
      Te servent de chandelle,
Comment vois-tu ce globe écrasé d'habitants ?
      Dis-le, bon La Landelle.

La Landelle répond : L'aigle fier et moi, nous
      Avons changé de rôle.
Vu de si haut, — car j'ai des soleils aux genoux ! —
      Dieu ! que Paris est drôle !

Je le croyais peuplé de méchants, de railleurs
      Et de sots que vont traire
Les biches ; à présent qu'un dieu me tire ailleurs,
      J'y vois tout le contraire.

Sardou, qui veut grandir en un calme repos,
　　　Envoie, à la barrière
Des Ternes, un sonnet aimable, avec deux pots
　　　De lauriers, chez Barrière.

Monsieur de Pontmartin, dont jusqu'ici le cas
　　　Fait pourtant qu'on l'évite,
Passe pour la douceur Hippolyte Lucas,
　　　Cet innocent lévite.

Monselet, — je ne sais pourquoi l'on en jasait! —
　　　Boit de l'eau pure, et jeûne.
Tiens, Paul de Kock enfant joue avec Déjazet.
　　　Laferrière est bien jeune!

Villemessant s'amende, il dit à Guillemot :
　　　Sachez que je vous garde
Trente ans, et quand je dis trente ans, c'est au bas mot;
　　　Le reste vous regarde.

Samson est décoré. Dès que l'aurore naît,
　　　D'une voix familière
Il chante : Je m'étais trompé d'abord; ce n'est
　　　Pas moi qui suis Molière.

Campanule ou muguet, la simple fleur des champs
　　　Pare mademoiselle
Duverger, et Schneider met, — abandons touchants! —
　　　Des bas de filoselle.

Le nouveau nom de Mars est Albine de l'Est ;
  Déjà Fargueil l'imite.
Veuillot pardonne! et dans un bois, monsieur Ernest
  Renan s'est fait ermite.

Dieux! Meyerbeer-Pompée et Rossini-César
  Ont jeté leurs défroques
De haines, et se sont légués tous leurs biens par
  Testaments réciproques!

Voilà qui va des mieux. Riez, faites les fous!
  Paris n'est plus fournaise,
Guerre et tumulte. Amis, je suis content de vous
  Et Nadar est bien aise.

— Si c'est ce que tu vois du haut de ton ballon,
  Encore un élan d'aile!
Monte encore plus haut! donne un coup de talon!
  Monte, bon La Landelle!

Si tu redescendais au pays où Dormeuil
  Et Cogniard ont leurs toiles,
Tu dirais : Je me suis fourré le doigt dans l'œil. —
  Reste dans les étoiles!

Décembre 1864.

Le Thiers-Parti

Muse, enflons notre voix pour un chant relatif
    Aux cités. Suis la verte Seine
Et gravis l'escalier du Corps Législatif,
    Où nous transportons notre scène.

Comme notre œil, après le soleil d'un beau jour,
    Admire encore un clair de lune,
L'autre mois, fier et pâle avec son nez d'autour,
    J'ai revu Thiers à la tribune.

Oh! même en ce temps-ci, qu'il me semble étonnant!
    Comme il était superbe et comme
Il avait des façons de Zeus, le Roi-Tonnant,
    Et de Monnier et de Prudhomme!

Sa lèvre, dont l'accent est resté ferme et sûr,
    Découpait, en faveur du pape,
Des variations, comme l'on en fait sur
    Les fameux pianos de Pape.

Il disait : Réclamons ce qui nous est dû chez
    Nos voisins, envoyons la note !
Lacérons l'Italie en un tas de duchés ;
    A quoi bon garder cette botte ?

Chacun des ducs prendra son lopin, comme il sied
    Afin qu'ils gardent leur prestige ;
Celui-ci le talon, d'autres le cou-de-pied
    Et les plus grands auront la tige !

Or, comme Thiers parlait ainsi, faisant des parts
    De la proie ample et colossale,
Un grand fantôme triste aux beaux cheveux épars
    Entra tout à coup dans la salle.

C'était la Liberté. La déesse aux yeux clairs
    Et profonds comme l'eau d'un golfe,
Marcha sur l'orateur environné d'éclairs,
    Et dit ces mots : Eh bien, Adolphe ?

Alors, visiblement offensé, monsieur Thiers
    Répondit à cette déesse :
Ne me compromets pas ainsi devant des tiers !
    Tu fus, il est vrai, ma maîtresse ;

Mais ces jours ne sont plus. Quand je t'ai fait présent
    De mon amitié, j'étais jeune ;
J'avais bon appétit alors, mais à présent
    Je fais comme Veuillot : je jeûne !

Nos délires étaient un imbécile abus,
  Mais rien n'est irrémédiable.
Épouse, il en est temps, le nommé Syllabus,
  On prétend que c'est un bon diable! —

La déesse sortit, dédaigneuse et levant
  Noblement sa tête sacrée,
Tandis que Thiers, farouche et souffletant le vent,
  Buvait son verre d'eau sucrée.

Et moi qui l'ai pu voir chassant d'un cœur gelé
  Sa vieille maîtresse incommode,
Bon collectionneur de papillons, je l'ai
  Cloué tout vivant dans cette ode,

Afin de l'y montrer, posant pour ses amis,
  Plus sec que les sables d'Olonne,
Dans la pose héroïque où le sculpteur a mis
  Napoléon sur la colonne.

  Janvier 1868.

Pièces féeries

Molière, j'ai voulu savoir ce que devient
    Ton beau rire folâtre,
Et, pour avoir raison du doute qui me tient,
    J'entre dans un théâtre.

Un aquarium. Bon. Je vois les dos connus
    De cinquante ingénues.
Que de bras nus! que de seins nus! que de cous nus!
    Oh! que de choses nues!

Sur quels objets hideux, maigres, flasques et lourds,
    Lumière, tu te joues!
Que de croupes, offrant aux regards des contours
    Horribles! que de joues!

Watteau, qu'en dites-vous? Qu'en dites-vous, Boucher?
    Bien que leur bouche rie,
On pense voir ces chairs mortes que le boucher
    Vend à la boucherie.

Spectacles écœurants! Tristes panoramas!
    Vous fuyez, Muses blanches,
Vers l'invincible azur, en voyant ces amas
    De poitrines, d'éclanches,

Et ces ventres hideux, ballonnés par les ans,
    Qu'on a, masse vermeille,
Ficelés avec soin dans des maillots luisants,
    Teints en couleur groseille.

Une Javotte, nue et longue comme un ver,
    Traîne, être chimérique,
Un vieux manteau de cour, baigné par un éclair
    De lumière électrique,

Et glapit. Oui, ce tas de cuisses, de chignons,
    Si bien fait pour se taire,
Hurle, miaule et roucoule avec des airs mignons,
    Et chansonne... Voltaire!

O cotonnier! pour qui rugirent en effet
    Tant de combats épiques,
Arbuste précieux, toi que le soleil fait
    Grandir sous les tropiques;

Et vous, Hostein! et vous, Marc Fournier, qui du doigt
    Chassez les belles proses!
Régnez, soyez heureux, c'est à vous que l'on doit
    Ces grosses dames roses!

Naguère on avait dit aux marchands de succès :
    — Pour nous ôter LA BICHE,
Dites, que voulez-vous, ô directeurs français?
    La gaieté de Labiche?

La voici. Voulez-vous, pour vous réfugier
    Dans la pensée altière,
La verve de Sardou, l'esprit vivant d'Augier,
    La fureur de Barrière,

Ou ces drames poignants dans lesquels Dumas fils,
    De sa main ferme et sûre,
Montre, ouverte et saignant sous une chair de lys,
    Quelque affreuse blessure? —

Mais nos bons directeurs, vieux troupeau coutumier
    De cette réprimande,
Ont répondu, pareils à l'enfant de Daumier :
    — J'aime mieux de la viande !

Janvier 1868.

Chez Monseigneur

I

Un berger vaut mieux qu'un loup;
C'est pourquoi, viens-t'en, mon Ode,
Chez monseigneur Dupanloup,
Qui, désormais, fait la mode.

Dès l'antichambre, on entend
Comme une catilinaire
Gronder, tumulte éclatant;
C'est sa voix, ou le tonnerre.

Que chantent ces durs clairons
Aux sinistres embouchures?
Qu'importe, ma Muse, entrons.
Dieu puissant! que de brochures!

Vois Monseigneur. Il écrit,
Il parle, il prie, il menace,
Il pleure, il mande, il proscrit ;
Comme il met tout dans sa nasse !

Lettres pour mille journaux,
Foudres contre les sectaires,
Il dicte, en ses arsenaux,
A quatorze secrétaires,

Et, digne d'être Romain,
Il corrige, — ô façons neuves ! —
Le genre humain d'une main,
Et de l'autre ses épreuves.

Mais voici qu'avec des cris,
Près de sa table que bordent
Ces vastes amas d'écrits,
Trente messagers l'abordent.

II

— Monseigneur ! — Qu'est-ce ? — Un journal,
Sans doute pris de folie,
Redit son thème banal
Et veut garder l'Italie.

— Bien. Vite, écrivez. Je veux
Lui verser de tels flots d'encre
Que ni lui, ni ses neveux
Ne sachent où jeter l'ancre !

— Monseigneur ! — Qu'est-ce ? — Au prochain
Scrutin de l'Académie,
On veut soutenir Machin.
— C'est bien. Sus à l'ennemie !

Écrivez jusqu'à la mort !
Vite, des kilos de prose !
Porter Machin, c'est trop fort,
Quand je prétends nommer Chose !

— Monseigneur, monsieur Duruy
A forcé toutes nos grilles,
Et, plus subversif qu'un Ruy
Blas, veut instruire les filles !

— Feu, tous ! Rangeons sous nos lois
Cet amant d'une chimère,
Qui veut mener a la fois
Tant de filles chez le maire !

Oui, c'est à nous d'abriter
La jeune fille indécise.
On sait qu'elle doit rester
Sur les genoux de l'Église !

— Monseigneur ! — Eh ! qu'est-ce encor ?
— Le diocèse... — A nos filles !
Ai-je le loisir, butor,
De songer à des vétilles ?

Écrasons le suborneur,
Vite, qu'on se mette à l'œuvre ! —
Lors, de nouveau Monseigneur
Commande aux siens la manœuvre,

Et, promptes à copier
Et versant leurs amertumes,
On entend sur le papier
Grincer les quatorze plumes.

III

Il fut un temps, — loin de nous ! —
Où la crosse était houlette,
Où le pasteur, calme et doux
Sous sa pourpre violette,

Avait pour unique soin
(Il n'allait pas en carrosse !)
De garder son troupeau, loin
Des loups à la dent féroce.

Il l'abritait, soucieux,
Contre l'orage qui passe
Devant la splendeur des cieux ;
Quand la brebis était lasse,

Il la prenait, — soin charmant! —
Parmi l'herbe, ou sous le saule,
Puis alors, tout doucement
La posait sur son épaule.

Pour gravir les durs sommets,
Il portait son ouaille en frère :
Oui, sur ses épaules! — Mais
A présent, c'est le contraire.

Janvier 1868.

Inventaire

Je vis, noyé dans l'ombre noire,
Un spectre, déjà fort ancien,
Qui montrait son crâne d'ivoire,
Comme un académicien.

Il semblait un roi de Pergame,
Et ses sourcils vertigineux,
Longs comme des cheveux de femme,
En s'emmêlant faisaient des nœuds.

Entre ses doigts, blanche et fatale,
Et plus fragile qu'un roseau,
Une mourante aux bras d'opale
Se débattait comme un oiseau.

Comme il l'entraînait vers l'abîme,
Mon regard curieux et net
Sur le front de cette victime
Lut : MIL HUIT CENT SOIXANTE-SEPT.

L'instant d'après elle était morte,
Et le vieillard aérien
Me dit : Je suis le Temps. J'emporte
Ce qui ne vous sert plus à rien.

— Oh ! s'il en est ainsi, (lui dis-je
Sans quitter l'ombre où je songeais,)
Père, complète le prodige :
Emporte encor d'autres objets !

Emporte décidément, comme
Bagage désormais vieillot,
La vertu de monsieur Prudhomme
Et l'humilité de Veuillot !

Emporte aux astres en démence
L'ode épique de Belmontet,
Qui naguère, d'une aile immense,
Aussi haut que Babel montait !

Emporte la noire faconde,
Amendements et mandements,
Qui chaque matin nous inonde,
Si prodigue en débordements !

Prends les refrains de Francis Tourte !
Même avec eux, puissant démon,
Emporte la culotte courte
Du silencieux Darimon.

Et, si tant est que tu le puisses,
Sur l'ouragan, ton noir cheval,
Emporte le maillot à cuisses
De mademoiselle Delval !

Emporte, noir tas de couleuvres
Qui te couvriront le poitrail,
ROCAMBOLE, et toutes les œuvres
De monsieur Ponson du Terrail,

Sombre amas, pile gigantesque,
Plus haute que l'Himalaya,
Et joins-y tout le chœur grotesque
Des pièces que lima Laya !

Puis, emporte, avec ses paroles
Où grince l'hiatus cuisant,
Le hideux bruit de casseroles
Qui se dit musique — à présent !

Emporte avec idolâtrie
Le grand serpent de mer privé,
Les articles de LA PATRIE,
Les Suzannes de Legouvé !

Délires, bêtises, huées,
Lâches attaques des jaloux,
Emporte tout dans les nuées !
Mais, ô bon vieillard, laisse-nous

L'ardeur du vrai, l'amour du juste,
Ce lys qui sans tache fleurit,
La grande poésie auguste,
Les belles fêtes de l'esprit !

Laisse-nous la sainte ironie,
La patience, la fierté,
Le culte obstiné du génie,
L'amour de l'âpre Liberté,

Et le dédain de la souffrance
Qui tient nos regards éblouis,
Et tout ce que nous nommions France
En des âges évanouis,

Lorsque la lèvre de l'Aurore
Baisait nos cheveux soulevés,
Et que nous n'étions pas encore
La France des petits crevés !

 Janvier 1868.

Le Siècle à Aiguille

I

Donc, le progrès futur à mes yeux se dévoile,
Plus rien que des soldats. O bonheur inconnu !
Je vois le charcutier et le marchand de toile
Couper leur marchandise avec un sabre nu !

    Tous militaires. Quelle noce !
Même Polichinelle. Oui, je le vois d'ici
    Troupier, avec sa double bosse.
    On prend le cul-de-jatte aussi.

La France tout d'abord se transforme en caserne,
Puis l'Europe. O destin miraculeux et doux !
Tout citoyen va naître avec une giberne,
Et le vaste univers est peuplé de Bridoux !

Beau spectacle pour l'incrédule !
La plaine murmurante, où ce n'étaient qu'épis
　　Et bluets, maintenant ondule,
　　Vivante moisson de képis.

En avant ! Portons arme ! Allons, soyons suaves,
Troubadours ! emboîtons le pas, et de l'entrain !
Allons, hussards, lanciers, carabiniers, zouaves,
Grenadiers, artilleurs, chasseurs, soldats du train !

　　Un sabre attaché sur la jambe,
En marche ! CROISONS... ETTE, et soyons triomphants,
　　Éteignons le foyer qui flambe ;
　　Plus de familles, plus d'enfants !

Quand Chassepot, donnant le dernier coup de lime,
Eut créé ce fusil qui de tous est le roi,
Il lui cria, joyeux, avec un air sublime :
L'AVENIR, L'AVENIR, L'AVENIR EST A TOI !

　　C'est juste. Adorons sans grimace
Ses chefs-d'œuvre, malgré Dreyse et Bonnin choisis,
　　Mes frères, et partons en chasse,
　　Puisque nous avons des fusils !

Oui, nous serons chasseurs, mais pour les Filandières,
Et non pas comme Blaze ou Bénédict Révoil :
Nous aurons des petits avec les vivandières,
Et nous les bercerons dans des bonnets à poil !

II

Gloire, Liberté sainte, ô déesses jumelles,
D'un vol égal, jadis, vous ouvriez vos ailes!
  Par le même chemin,
Les vieilles nations, de leur joug harassées,
Ensemble vous voyaient apparaître embrassées
  Et vous tenant la main.

Vous leur portiez la foi, l'espérance, l'idée,
Et, dans ce grand réveil, leur âme, fécondée
  Par l'affranchissement,
Échappant, comme en rêve, au passé misérable,
S'émerveillait de voir votre accord adorable,
  Fraternel et charmant!

Et, cheveux dénoués, chantant LA MARSEILLAISE,
On vous voyait gravir, d'un pied frissonnant d'aise,
  Les plus âpres sommets,
Et l'éclatante Aurore était votre courrière!
A présent votre pacte est rompu. La guerrière
  Va seule, désormais.

Aussi lorsqu'elle vient vers quelque peuple austère,
Le glaive en main, faisant résonner sur la terre
      Son pied envahisseur,
Qu'on entend ses clairons mugir sur chaque roche,
Et qu'elle dit : Prends-moi, je suis à toi ! — Gavroche
      Lui demande : Et ta sœur ?

Janvier 1868.

Tristesse de Darimon

Il va venir, le bal prochain des Tuileries.
Bientôt, sous les éclairs des torchères fleuries,
    Sous les lustres charmants,
Vont resplendir, riant au rayon qui les flatte,
Les ors, les fins tissus de rose et d'écarlate
    Et les clairs diamants!

Oui, la fête est déjà préparée, et le sage
Darimon, ce mortel par qui le bavardage
    Fut toujours évité,
Darimon, qui devint fameux, sans violence,
Par sa culotte courte et son hardi silence,
    N'y fut pas invité.

Il doute encor. Longtemps il cherche, il interroge.
Rien toujours. Alors il dépêche vers la loge,
    Où cogne, loin du ciel,
Un savetier, — sa bonne, une tremblante vierge.
En vain. Tu n'étais pas venu chez le concierge,
    Carton officiel!

Et, comme il se disait, à part lui, tout morose :
— L'espoir que je gardais était bien peu de chose,
　　　　Puisque ma bonne y ment, —
Son regard tomba sur la célèbre culotte.
Alors, tirant les mots de son cœur qui sanglote,
　　　　Il fit ce boniment :

— O culotte ! lambeau de ma joie envolée !
Toi qui naguère, ici montagne, ailleurs vallon,
Ainsi qu'un gant docile à ma jambe collée,
Moulas avec orgueil des formes d'Apollon !

Pour une fois du moins, reste à ce clou. Demeure
Parmi le vétiver, le camphre et le fenouil.
N'existons-nous donc plus ? Avons-nous eu notre heure ?
A quoi va nous servir notre épée en verrouil ?

D'autres vont maintenant valser où nous valsâmes.
Et tes sœurs, mariant leurs sévères contours
A ceux des fracs brillants de rubans et de flammes,
Te voleront ta gloire, ô mes chères amours !

Oui, d'autres à leur tour viendront, couples sans tache,
Faire voir au Paris jeune, heureux, enchanté,
Ce que l'art du tailleur au torse qui se cache
Ajoute d'élégance et de solennité !

Oh! dites-moi, clairons des Strauss, flûtes si pures,
Violons, tour à tour fougueux et délicats,
Est-ce que vous ferez pour d'autres vos murmures?
Est-ce que vous jouerez pour d'autres vos polkas?

Dieux! Elle et moi, parmi tant de robes à queues,
Nous défilions si bien au bruit de tes accords,
Orchestre qui lançais au fond des voûtes bleues
Les soupirs du hautbois et la plainte des cors!

Répondez, ô buffets dressés en mille places!
Est-ce que vous aurez, amis ingrats et sourds,
Le courage d'offrir à d'autres gens vos glaces
Et vos verres de punch avec vos petits fours?

Eh bien, oubliez-nous, salons, flûte sylvestre!
Va, musique! buffet, sers ton friand repas!
Luis, girandole! punch, ruisselle! joue, orchestre!
Ceux que vous oubliez ne vous oublieront pas.

Ou plutôt, cher témoin de ma défaite insigne,
Qui rêves près de moi, triste comme un linceul, —
Tandis que je profère une plainte de cygne,
Viens, culotte! je veux te mettre pour moi seul!

Et tu vas voir comment je suis, quand je me lance!
Mais nul chroniqueur, par la ville ou dans les cours,
Ne saura qu'aujourd'hui j'ai rompu le silence...
Et les journaux du soir n'auront pas mon discours!

Janvier 1868.

L'OEil crevé

Fronts échevelés dans la brise,
O fantômes des cieux mouvants,
Qui flottez dans l'ombre indécise
Entre les morts et les vivants!

Vous dont l'aile semble si lasse,
Parlez, spectres mystérieux.
Dites-moi vos noms à voix basse.
Oh! ne détournez pas les yeux!

Vous d'abord, ô couple martyre
Qui gémissez en mots plus doux
Que la caresse d'une lyre,
Ici-bas, dites, qu'étiez-vous?

— Bon passant, nous étions les Drames
Sur lesquels se lamente, hélas!
La muse, que nous adorâmes:
Marion Delorme et Ruy Blas!

— Toi, qu'es-tu, Victoire ou Génie,
Guerrière au casque dénoué,
Qui portes dans ta main bénie
Un drapeau, de balles troué?

Dis! — Je suis la Chanson épique
Dont le souffle sur l'escadron
Fait au loin frissonner la pique
Et mugir le sombre clairon!

Je suis l'Ode aux voix enflammées
Qui sur l'Europe, en un seul jour,
Faisait bondir quatorze armées
Ivres d'espérance et d'amour!

— Et toi, qu'es-tu, dis? — Je suis Celle
Que l'on nomme à présent tout bas;
Celle dont l'œil fauve étincelle
Dans la paix et dans les combats;

Celle qui, dans les jours prospères
Où s'alluma le grand flambeau,
Était l'amante de vos pères,
Lorsque le géant Mirabeau

Terrassait, en pleine assemblée,
Une antique rébellion,
Et secouait dans la mêlée
Sa chevelure de lion!

— O figures habituées
A ce vertigineux essor,
Envolez-vous dans les nuées !
Ce n'est pas votre jour encor.

Vous voulez parler à des hommes
Faits de devoir et de pitié,
Et nous, spectres divins, nous sommes
Presque aveugles, sourds à moitié.

Nous sommes, fronts coiffés en touffe,
Cols serrés dans un court feston,
Les gens de la musique bouffe,
Des cocottes et du veston.

Le mot d'Hervé, c'est notre histoire !
Car, s'il faut que nos passions
Se rallument dans l'ombre noire
Et que nous vous reconnaissions,

Vous qui fûtes notre délire,
Notre trésor et notre orgueil,
Attendez que l'on nous retire
La flèche qui nous sert de l'œil !

    Janvier 1868.

Démolitions

Tandis que dans les cieux le couchant s'allumait,
   Un Ange dans le vent qui brame
Emporta le baron Haussmann sur le sommet
   D'une des tours de Notre-Dame.

Puis il lui dit : — Je suis l'âme de ce Paris
   Qui bruit, foule auguste et vile,
Sous nos pieds, et qui fut la cité des esprits.
   Baron, qu'as-tu fait de ma ville ?

— Moi ? dit monsieur Haussmann, je n'ai jamais molli.
   Les Memphis et les Antioches
Sont loin ; quant à Paris, je vous l'ai démoli,
   Tant que j'ai pu trouver des pioches !

J'ai si bien, proscrivant en bloc, nouveau Sylla,
   Percé les maisons d'outre en outre
Avec le fer, que tous, depuis ce moment-là,
   Nous avons dans l'œil une poutre !

Le clair soleil emplit de rayons mon tracé,
    Et je planterai des érables
Dans les quartiers jadis obscurs, d'où j'ai chassé
    Les hiboux et les misérables !

Car, où l'on entendait la Faim blême aboyer,
    La brise maintenant soupire ;
Et désormais, pourvu qu'on mette à son loyer
    Trente mille francs, on respire !

J'ai fait des boulevards si longs, qu'avec amour
    L'ouragan furieux y beugle,
Et si bien ruisselants de lumière et de jour
    Que chacun y devient aveugle !

Donc, je crois que tout marche et que j'ai, sans pâlir,
    Abattu sous mon pied sonore
Tous les bouges infects qu'il fallait démolir.
    — Baron, dit l'Ange, pas encore.

Regarde ces salons où le délire éclôt,
    Éveillant les sombres huées,
Et d'où résonne au loin, triste comme un sanglot,
    Le rire des prostituées !

Vois les palais où ces marchands d'argent et d'or,
    Ayant fait du pauvre leur proie,
De leurs becs pointus, aigle et vautour et condor,
    Lui mangent son cœur et son foie !

Vois, menaçant l'Amour de leur dernière dent,
    Les antiques académies
Où la perruque verte orne de son chiendent
    Ces petits crânes de momies !

Vois ces tréteaux pleins du miaulement des chats,
    D'où la Musique, douce fée,
S'envole en pleurs, tandis qu'on lance des crachats
    Sur la blanche robe d'Orphée !

Enfin, vois l'officine ouverte aux noirs ennuis,
    Où ce pamphlétaire en nourrice
Entame comme il peut Voltaire et dit : Je suis
    Juvénal et non pas Jocrisse ! —

Et, parlant ainsi, l'Ange à la terrible voix
    Désignait la Babel immense.
Alors monsieur Haussmann dit : — A ce que je vois,
    Il faudra que je recommence.

— Non pas, répondit l'Ange, âme du grand Paris.
    Reste en paix, baron ; parfois j'aime
Ton aile ; mais, vois-tu, ces vieux trous de souris,
    Je veux les démolir moi-même !

    Janvier 1868.

4

La Criminelle

.

Et je vis un sombre cachot,
Où, parmi les noires tentures,
Grinçait dans l'air humide et chaud
Tout un appareil de tortures.

Là, plus vermeils que des rosiers
Au mois de juin, le long des porches
Frémissent de sanglants brasiers,
Qui font pâlir le feu des torches.

J'entends des bruits mystérieux
Gémir, pareils au cri des goules
Dans la nuit, et je vois des yeux
Briller par les trous des cagoules.

Quel criminel, géant ou nain,
Va venir? Mon cœur, tu frissonnes!
Est-ce le boucher Avinain,
Ou Dumolard, tueur de bonnes?

Certes, quelque rustre endurci,
Faisant horreur à la lumière,
Et lâche, et hideux. — Non, voici
L'accusée. Elle est belle et fière.

Elle fait la nique aux valets;
C'est une commère gauloise,
Et le rire de Rabelais
Éclaire sa lèvre narquoise.

C'est LA PRESSE. — Avec loyauté,
Elle brave, sous l'œil du sbire,
Les ténèbres, étant clarté,
Et la grimace, étant sourire!

Elle accueille, sans nul tourment,
L'âpre ferraille qui la froisse
Et le lourd AVERTISSEMENT
Fameux comme poire d'angoisse;

Elle voit, sans effroi marqué,
Les crocs, les brodequins, les pinces,
Et le glaive COMMUNIQUÉ,
Très célèbre dans les provinces,

Admirant avec sérieux
Qu'on ait pu sauver du naufrage,
Et garder, pour les curieux,
Tous ces bibelots d'un autre âge!

II

Mais, feuilletant son agenda,
Grattant son large nez en truffe,
Apparaît un Torquemada,
Moitié Satan, moitié Tartuffe.

— O toi, malheur de mes neveux!
Qui fais (même sur la Vulgate!)
Plus de clarté que je n'en veux!
Démon rusé! Bête écarlate!

(Dit-il,) esprit de l'Imprévu,
Qu'il faudrait traîner sur des claies,
Puisque, sans toi, l'on n'aurait vu
Ni les reptiles, ni les plaies!

Toi qui, jusque chez les Lapons,
Causes, faisant le mauvais pire,
O magicienne, réponds :
Qu'as-tu fait du premier Empire?

— Hélas! dit LA PRESSE, en rêvant
Devant la bizarre figure,
On ne m'écoute pas souvent!
Ce n'est pas moi, je vous le jure,

Qui l'envoyai, vers les déserts
Où brille la glace épaissie,
Succomber sous les noirs hivers,
Dans les neiges de la Russie!

— Parlons du royaume des Lys,
(Fit le juge, non sans adresse.)
Dis, qu'as-tu fait de Charles Dix?
— Hélas! brave homme, dit LA PRESSE,

Ce pauvre vieillard, qui fut roi,
Enterra de tristes semences :
Mais, crois-le bien, ce n'est pas moi
Qui lui dictai ses Ordonnances!

III

Or, dans le cachot plein de nuit,
Comme cet interrogatoire
Continuait, toujours conduit
Par le Tartuffe en robe noire,

On entendait, comme en enfer,
Dans un coin de la sombre usine,
Un bruit de marteau sur le fer,
Venu de la chambre voisine;

Et l'on pouvait voir, inondant
Une torche qui semblait morte,
Les reflets d'un brasier ardent
Rougir les fentes de la porte.

Alors moi, saisi de stupeur
Devant cette flamme irisée,
Je m'avançai. — N'as-tu pas peur?
Dis-je tout bas à l'accusée.

La Gauloise leva son front
Plus droit que celui des grands chênes.
— J'entends bien que, pour mon affront,
On forge de nouvelles chaînes;

Peut-être on invente ce jeu
Pour me faire mourir, dit-elle;
Mais un point me rassure un peu...
C'est que je me sais immortelle!

Février 1868.

Masques et Dominos

Oh ! voici les masques !
Fiévreux, coiffés de casques,
Costumés en titis,
   En ouistitis,

Sans mesure et sans règles,
Ils poussent des cris d'aigles,
De chenapans, de paons
   Et d'ægipans !

Le Délire s'exalte
Et, le long de l'asphalte,
Fait ondoyer ces chars
   De balochards !

Hurlez dans les ténèbres !
Mais, ô têtes célèbres,
Est-ce vous que je vois ?
   J'entends des voix

Qui me sont familières!
Ours blancs sans muselières,
Chicards, turcs, albanais,
    Je vous connais!

Car cette fois, sans lustre,
Tout le Paris illustre
A pied comme à cheval
    Fait carnaval!

Voici la Femme à barbe
Qui but de la rhubarbe;
Et c'est d'où vint sa peur
    Près du sapeur.

Sous tes regards, Europe,
La Sappho de la chope,
Œil triste et front pâli,
    Sort de l'oubli

Et reprend sa marotte.
(On sait quelle carotte
Cette Ange de l'aplomb
    Eut dans le plomb!)

Voici l'Homme au trombone!
S'il a près de la bonne
Cet air aguerri, c'est
    Qu'il guérissait;

Car, pour rendre aux gens chauves
Des cheveux noirs ou fauves,
Ce zouave Jacob
    Vaut monsieur Lob!

Voici le ferme athlète
Qu'une lionne allaite
Et qui cache son nez
    Aux gens bien nés;

Certes il est bel homme;
Pourtant Gavroche nomme
Ce fier lutteur masqué :
    COMMUNIQUÉ!

Ah! te voilà, mon brave!
Qu'il est triste, le grave
CONSTITUTIONNEL,
    Et solennel!

Ombre de Boniface,
Quoi que ta bonne y fasse,
Il s'en va, Limayrac!
    Dieux! que son frac

Est orné! Que de plaques!
Il en a de valaques!
Sur son cœur et son flanc
    Que de fer-blanc!

Voici, dans sa culotte,
Qui colle et pourtant flotte,
L'orateur contenu,
   Qui va, front nu.

Pallas, tenant sa lance,
Lui dit : Ton beau silence
N'a jamais tari, mon
   Cher Darimon !

Près de Camors, qui montre
Son âme de rencontre,
Madame de Chalis
   Montre ses lys ;

Et même, en cette foule,
Qui va comme une houle,
Joyeux, je contemplai
   Monsieur Leplay,

Qu'on a pu voir, en somme,
Réclamant les sous, comme
Naguère Paul Niquet,
   Au tourniquet !

Voici Veuillot. Il livre
Sa bataille. Il s'enivre
Des odeurs de Paris.
   Que de paris

Pour savoir si Domange
Est celui qu'il nomme : Ange!
Ou s'il vent le tricher
    Avec Richer!

Je vois, suivant sa piste,
Un bon feuilletonniste
Qui le lundi venait :
    Monsieur Venet!

Il est dur, mais bien jeune!
C'est d'Augier qu'il déjeune,
Et ce dragon dînait
    De Gondinet!

Puis voici les cocottes
Faisant coller leurs cottes
De satin — sur des monts
    Chers aux démons!

Oh! la charmante pose!
La chevelure rose
Vraiment sied encore à
    Cette Cora;

FILLE-DE-L'AIR, qui lève
Sa jambe, comme un glaive
Brillant, nous montre son
    Blanc caleçon;

Sans sourciller, pour elles
L'Amour coupe ses ailes
Et dit : Je me plais où
    Je vois Zouzou !

Voici... Mais, ô ma lyre,
On ne peut pas tout dire.
J'en passe et des meilleurs;
    C'est comme ailleurs !

O boulevards fantasques !
Près de nous, que de masques,
Tartuffes et Scapins
    Et galopins,

Et marchandes de pommes
Et Pierrots ! mais des hommes
Parmi tous ces Gil Blas ?
    Cherchez, hélas !

Car il en est encore
Que tourmente et dévore
L'amour de ta clarté,
    O vérité;

Seulement je suppose
Qu'ils ont la bouche close.
Ils n'en pensent pas moins;
    Mais ces témoins,

Pour qui l'éclat sans feinte
De ta nudité sainte
Aurait seul des appas,
 Ne veulent pas,

Contre tous les usages,
Parler à des visages
Ambigus, terminés
 Par des faux nez!

Février 1868.

Le Petit-Crevé

Lyre, pinçant ta belle corde,
Je chanterai, car c'est mon plan,
Le Petit-Crevé, dont j'accorde
La découverte à Roqueplan.

De la Tamise jusqu'à l'Èbre,
On voit bâiller son pâle Ennui :
Comme crevé, l'Œil que célèbre
Hervé — n'est rien auprès de lui.

Plus endormi qu'une citerne,
Il végète. Faux col géant.
Favoris courts. Veston. L'œil terne.
Signes particuliers : Néant !

Néant dans son regard qui boite,
Néant dans son gilet nouveau,
Et Néant dans la mince boîte
Où devrait être son cerveau !

Nommez à ce petit, — qui crève
Avec un gant rouge à sa main, —
Les grands espoirs qui sont le rêve
Et l'âme du génie humain ;

L'Art, cette auguste idolâtrie
Pour notre paradis natal,
L'Honneur, la Vertu, la Patrie,
La Beauté, ce lys idéal ;

Et, parmi ces choses divines,
La Liberté, dont tous les pas
Font tomber de vieilles ruines,
Il vous répondra : Connais pas !

Mais que Rosaura qui s'arrose,
Chaque matin, comme un rosier,
Passe, en cheveux couleur de rose,
Dans une brouette d'osier,

Croyant à ce qu'elle dérobe,
Vite il court s'incliner devant
Cette sorcière, dont la robe
N'est, hélas ! pleine que de vent.

La grande cocotte funeste
Le fait longtemps poser debout
Au soleil. — Puis après, le reste
Du temps, que fait-il ? — Rien du tout.

De sa fumée errante et bleue
S'entourant pour faire florès,
Il voyage dans la banlieue,
Empaqueté comme un londrès.

On le voit dans cinq ou six gares
Par semaine, sous l'œil des cieux
Fumant en guise de cigares
Des troncs d'arbre prétentieux.

Aux Bouffes, (c'est là qu'il s'abonne,)
Il porte un stick céleste; mais
Il marivaude avec sa bonne
Et savoure cet affreux mets !

Et le soir, spectateur godiche,
Ce gandin, qu'on joue aux Menus-
Plaisirs, s'en va voir dans LA BICHE
De grands morceaux de femmes — nus.

Ou bien tu cours où l'on ricane,
Divin Petit-Crevé, car ton
Bonheur est de montrer ta canne
Dans les théâtres de carton !

Mais que dis-je ! carton toi-même,
Plus fuyant qu'un ciel de Corot,
Tu passes, chimérique et blême,
Comme Antinoüs ou Pierrot !

Être effacé, doux comme un ange
Et banal entre les fumeurs,
Tu vis, et rien en toi ne change,
O Petit-Crevé, quand tu meurs!

Avril 1868.

Le Lion amoureux

Dans l'enceinte où Joseph Prudhomme
Triomphe, entouré d'amis siens,
Où dorment leur éternel somme
Les doux académiciens,

Où, pour nos suprêmes délices,
Faisant de la prose et des vers,
Ils protègent leurs crânes lisses
Par de vastes abat-jour verts,

On attendait, tout pâle encore
De sa longue rébellion,
L'orateur au verbe sonore,
L'homme à la face de lion.

Près des fenêtres entr'ouvertes,
On disait : — Oh! lorsqu'en ces murs
Où pendent les perruques vertes
De ces immortels déjà mûrs,

Sa voix révolutionnaire,
Pleine de courroux et de fol,
Éclatera comme un tonnerre,
Certes ils vont mourir d'effroi;

Et, comme si LA MARSEILLAISE,
Ici tout à coup se levant,
Pour évoquer l'âme française
Embouchait son clairon vivant,

On va voir ces minces fantômes,
Aux vieux monuments assortis,
Rentrer dans les feuillets des tomes
Dont ils sont indûment sortis!

Ou, troupe de corps dénuée,
Ils vont, au sein des cieux déserts,
Se dissiper dans la nuée,
Se dissoudre parmi les airs;

Et l'on verra, — coups d'œil féeriques! —
Aux pays par Hoffmann rêvés
Fuir les Villemains chimériques
Avec les vagues Legouvés! —

C'est ainsi qu'un brillant cortège
Plaignait, arrivé de Saint-Flour,
Ces birbes, dont le front de neige
S'embellit d'un vert abat-jour,

Quand il entra, lui, le grand maître
Des mots magnifiques et clairs,
Qui les réduit aux lois du mètre,
Et dont les yeux sont pleins d'éclairs;

Lui, devant qui l'Intrigue tremble
Avant même qu'il n'ait parlé,
Et dont la grande voix ressemble
A l'ouragan échevelé.

O surprise rare et dernière!
Comme Sylvandre il avait mis
Des fleurettes dans sa crinière,
Pour plaire à ses nouveaux amis!

Comme toujours, il parlait juste,
Et même il chantait en bon fils
La Liberté, sa mère auguste,
Mais sur la flûte de Tircis!

Dieux! voir le titan de l'abîme
Verser du cassis de Dijon!
Voir passer le lion sublime
En habit gorge de pigeon!

Si bien qu'à présent Jules Favre,
Jouet d'ironiques destins,
Est en tous lieux (ceci me navre)
Célébré par les Philistins!

Lui, le prince de la parole,
— Voilà d'où viennent mes ennuis, —
Il est applaudi par Dréolle...
OH! CACHEZ-MOI, PROFONDES NUITS!

Mai 1868.

Satan en colère

> C'est perdre le bruit et le feu :
> Je le sais, moi qui fus un dieu !
> VICTOR HUGO, *Le Danube en colère*.

SATAN, criant miséricorde,
Appela d'abord au secours
En voyant s'augmenter la horde
Qui, grâce à nous, chez lui déborde,
— Si bien que ses grils sont trop courts ! —
Ensuite, il nous fit ce discours :

Faut-il donc que je vous proscrive,
Mortels que jadis j'attrapais !
C'est effrayant ce qu'il m'arrive
De gens sur l'infernale rive,
Tassés, pressés en rangs épais,
Depuis que vous êtes en paix !

Vous le savez, comme j'imite
Les fables des temps primitifs,
Les damnés, — on connaît ce mythe, —
Cuisent chez moi, dans la marmite
Que j'ai prise dans les motifs
Des vieux poëtes inventifs.

Et, lorsque de rire je pouffe,
Malheur à qui touche à ce pot!
Mais, — voici le comique bouffe! —
Dans mon pot-au-feu l'on étouffe
Depuis que votre chassepot
A fait l'ancien fusil capot!

On n'y peut plus tenir à l'aise,
Depuis que vos engins hideux,
Fusils Bonnin et fusils Dreyse,
Font rouler jusqu'à ma fournaise
Un tas de passants hasardeux,
Qui tombent là, coupés en deux!

Grâce enfin pour ma casserole!
Chacun de vous est le Colomb
D'une nouvelle arme à virole;
Vous vous foudroyez au pétrole
Avec infiniment d'aplomb :
C'est une débauche de plomb!

Eh! quoi, Dumanets sans vergogne,
Croyez-vous que nous ricanons,
Quand là-haut votre clairon grogne,
En voyant la folle besogne
Que me préparent vos canons,
Dont je ne retiens pas les noms!

On prétend que j'emmagasine
Tout ce que détruira le fer!
Dis, si tu veux, que je lésine,
Tas de fous! mais, dans ma cuisine
Où flambe un feu joyeux et clair,
Je n'ai plus de place en enfer!

J'étais gai comme Diogène;
J'engraissais comme un alderman! —
Vais-je, pour qu'on me morigène,
Exproprier ce qui me gêne,
Comme votre baron Haussmann,
— Moi bon vivant et gentleman!

Ah! tu t'égorges, saltimbanque,
Genre humain encore au maillot!
Toujours des morts! — La place manque;
S'il en vient un, je vous le flanque
(Fût-il juif, turc ou parpaillot)
Dans le paradis de Veuillot!

Là, vêtu d'une simple écharpe,
Jusqu'à l'éternité sans fin,
Ainsi qu'au concert Contrescarpe,
Il entendra des airs de harpe
Grattés par ce doux Séraphin,
Et s'il s'amuse, il sera fin !

Mais, pauvre ver, pour deux aurores,
Vis tranquille sur ton mûrier !
Pourquoi faut-il que tu t'abhorres,
Frêle insecte, et que tu dévores,
En croyant mâcher du laurier,
Tout le plomb que vend l'armurier !

Mai 1868.

Pénélope et Phryné

A CHARLES MARCHAL

D'autres peindront, sur les sommets,
Cythérée ou bien sainte Thècle,
Ou César victorieux ; mais,
En véritable enfant du siècle,

Pour nous charmer, le blond MARCHAL,
Dont la couleur est fort congrue,
Cette fois à son fil d'archal
Suspend la Cocotte et la Grue.

C'est-à-dire, ô gens de Passy,
Tout le bonheur que nous voulûmes ;
Toute l'âme de ce temps-ci
Représentée en deux volumes.

Pénélope aux chastes bandeaux,
Qu'avec respect le démon tente,
Cache sa poitrine et son dos
Sous sa belle robe montante,

Et, sous ses lambris fleuronnés,
Voile dans les plis d'une guimpe
Deux monts sauvages, couronnés
De neiges, ainsi qu'un Olympe.

Elle coud, d'un geste humble et doux,
Avec des airs de sœur tourière ;
Total : quinze mille francs, tous
Les six mois, chez la couturière.

Méprisant le Niagara
Pour sa chute, — elle est tourterelle
Et pleure, et son mari sera
Philémon, — s'il n'est Sganarelle !

Quant à Phryné, toute à l'Amour
Qu'elle tient captif en son antre,
Elle a la taille courte, pour
Donner plus d'importance au ventre.

Elle s'orne d'un lourd chignon
Que baisent des rayons frivoles ;
Sur son front naïf et mignon
Court un fouillis de mèches folles ;

Puis, sur son dos voluptueux,
Mais net comme la bonne prose,
Dégringolent de somptueux
Tire-bouchons couleur de rose,

Et sa robe, pour des desseins
Qu'on ne peut croire pacifiques,
Montre à nu le dos et les seins
Ainsi que les bras magnifiques.

Sa ceinture, — qui nous promet
Tout, — a l'air, fière et sans vergogne,
Du grand cordon que Wateau met
Au tout petit duc de Bourgogne ;

Bref, adorable au premier chef !
Mais le malheur, c'est qu'elle mange
De l'or et du papier joseph,
Et qu'elle s'en nourrit, pauvre ange !

Double régal pour Amadis
Errant dans la campagne verte,
Pénélope a l'air d'un grand lys
Et Phryné d'une rose ouverte.

Chez nous, en pleine floraison,
En jupe austère, en folle cotte,
Nous avons, — Marchal a raison, —
La Grue et l'aimable Cocotte.

Double trésor, double présent
Que le poëte ne diffame
Jamais ! — Seulement, à présent,
Marchal, on demande... la Femme !

Quant à l'Homme... — vœux superflus ! —
Je crois qu'en ce Paris sans gêne,
Toi-même, tu ne songes plus
A le chercher, ô Diogène !

Quoi ? tu le cherches encor ! — Si
Tu m'en crois, il est, j'imagine,
Bien loin, bien loin, bien loin d'ici,
— Oh ! plus loin que l'île d'Égine ! —

Dans quelque désert écarté,
Au delà des routes communes, —
Où sont la sainte Liberté,
Les chefs-d'œuvre... et les vieilles lunes !

Mai 1868.

Leroy s'amuse

Le soleil continue à tout chauffer à blanc.
    Du fond de sa rouge fournaise
Il nous vi:e, et chacun de nous emporte au flanc
    Une de ses flèches de braise.

Plus cruel que Néron et que Domitien,
    Pour griller ce que nous aimâmes,
Ce bourreau sur son front d'académicien
    Met une perruque de flammes!

Ah! pour le supporter, ce dur soleil roussi,
    Qui, desséchant les jouvencelles,
Nous met sa torche aux yeux, et qui nous fait aussi
    Manger des gerbes d'étincelles,

Il faudrait être enfin plus doux que Babylas
    Et plus patient qu'Athanase,
Car il nous a, pendant ces jours derniers, hélas!
    Dévoré même le Gymnase!

On y meurt tout de bon : la feuille de vigne y
    Semblerait trop chaude, ô mon Ode !
Et tous les spectateurs de monsieur Montigny
    Sont changés en bœuf à la mode.

Voyant cela, l'auteur du CHEMIN RETROUVÉ,
    Pâle et debout contre un pilastre
De ce théâtre si rudement éprouvé,
    Fit ce petit discours à l'Astre :

O Phébus-Apollon ! photographe changeant
    Qui viens laper l'eau dans les auges
Et qui nous romps le crâne avec ton arc d'argent,
    Tu n'es qu'un franc-tireur des Vosges !

Ah ! montreur de seins nus qui fais le Richelieu !
    Coiffeur qui poudres cette ville !
Joueur de violon et de lyre ! vieux dieu
    Bon pour Ménard et pour Banville !

Comment ! Régnier et moi, nous donnons, vieil archer,
    — Tranchons le mot, — un pur chef-d'œuvre ;
Et toi, rose et brûlant, tu viens nous le lécher
    Avec tes langues de couleuvre !

Pour notre bonbonnière abandonnant les cieux,
    Parmi nos loges tu t'installes,
Et tu viens cuire à point les crânes des messieurs
    Qui se sont assis dans les stalles !

Même jeu sur la scène. On voit que les pompiers,
 Incendiés par tes extases,
Entrent en fusion et coulent à nos pieds :
 On pourrait en faire des vases!

Tu changes en charbons le riche lampas qu'a
 Drapé mon directeur artiste,
Et, grâce à toi, le front de madame Pasca
 S'enflamme comme une améthyste!

Tu grilles sans pitié Massin, dont la chanson
 Vaut bien mieux que celle d'un merle,
Et tu fonds lâchement Béatrice Pierson,
 Comme Cléopâtre sa perle!

La pauvre Mélanie a des feux sur ses doigts :
 Berton s'efface dans la brume,
Villeray s'amincit comme un fil, et je vois
 A l'horizon Landrol qui fume!

Soleil, moi, vieux lion blanchi sous le harnois,
 Crois-tu vraiment que je m'amuse
De te voir envoyer du monde à Cressonnois?
 Va-t'en! laisse en repos ma Muse,

Ou, s'il fallait encor que ton bras assénât
 Des coups sur cette fiancée,
Tremble, je te ferai flétrir en plein Sénat,
 Comme on a fait pour monsieur Sée!

C'est ainsi que Leroy, farouche, et par instants
    De son pied tourmentant la plinthe
Du corridor, parlait au soleil du printemps
    Et l'assourdissait de sa plainte.

Pourtant des spectateurs fort nombreux se montraient
    Au contrôle, — tous grillés comme
Des bifstecks. Ils entraient brûlés, mais ils entraient.
    Ils versaient une forte somme;

Et notre auteur, avec des sourires charmants,
    Regardait parmi l'incendie
Ces tisons à demi consumés, et fumants,
    Qui venaient voir la comédie!

  Juin 1868.

Et Tartuffe?

Adam vante et chérit son paradis natal
    Où, joyeuse et libératrice,
Dans les Édens baignés par des flots de cristal
    La vigne est sa mâle nourrice.

— Et Tartuffe? — Il nous dit, entre deux oremus,
Que pour tout bon Français la patrie est à Rome,
Et qu'ayant pour aïeux Romulus et Rémus,
Nous téterons la louve à jamais. — Le pauvre homme!

Adam, qui veut chasser de son riant jardin
    La Haine impure, ce reptile,
Aime un langage clair, et garde son dédain
    Pour la polémique inutile.

— Et Tartuffe? — Il écrit des pamphlets, des amas
De brochures, des tas de discours. Il consomme
Deux fois plus de papier qu'Alexandre Dumas
Et même que Ponson du Terrail. — Le pauvre homme!

Adam, toujours épris de l'antique Beauté,
    Pour se guérir de tant d'épreuves
Demande, haletant, la force et la santé
    Au flot mystérieux des fleuves.

— Et Tartuffe ? — Jamais il n'a que des refus
Pour la pauvre naïade. Il craint l'eau froide, comme
Le bienheureux saint Labre, et ses cheveux touffus
Sont vierges des baisers du peigne. — Le pauvre homme !

Adam veut que sa fille au front pur, son trésor,
    Sous le noir sanglot des huées
Ne porte pas la pourpre et les étoffes d'or,
    Ces haillons des prostituées.

— Et Tartuffe ? — Blessé par des yeux vert-de-mer,
Avec une Ève en fleur il mordille la pomme,
Et, tout en répétant : Craignez le fruit amer,
Il vous le croque avec délices. — Le pauvre homme !

Adam, pour mettre un coq à la place d'un lys,
    Ne veut plus imiter Xaintrailles ;
Il appelle à grands cris le jour où tous ses fils
    Ne seront plus chair à mitrailles.

— Et Tartuffe ? — Il prétend qu'on acquitte l'impôt
Du sang. Et si quelqu'un dit : Tue ! il crie : Assomme !
Ses prédilections sont pour saint Chassepot,
Pour saint Bonnin et pour saint Dreyse. — Le pauvre homme !

Adam, victorieux du passé triste et vain,
  Regarde sans terreur les voiles
De l'insondable azur, où le berger divin
  Mène ses grands troupeaux d'étoiles.

— Et Tartuffe? — Il nous dit : Les astres, les soleils,
Les comètes, cela regarde l'astronome.
Moi, ce que j'aperçois au fond des cieux vermeils,
C'est un vengeur, un dieu féroce. — Le pauvre homme!

Raison! divinité sereine, qu'à genoux
  Diderot proclama naguère,
Parle! protège-nous! entends-nous! sauve-nous!
  Détruis la Bêtise et la Guerre!

Sauve Marco, la stryge aux yeux froids et hautains;
Sauve Shahabaam, sauve monsieur Prudhomme;
Sauve les idiots, sauve les philistins
Et les envieux, — et Tartuffe, le pauvre homme!

  Juin 1868.

La Balle explosible

Oui, je trouve cela plaisant!
Guerre, déesse au cœur farouche,
Qu'est-ce donc? On dit à présent
Que tu fais la petite bouche!

Quoi! nymphe du canon rayé,
Tu montres ces pudeurs risibles
Et ce petit air effrayé
Devant les balles explosibles;

Et tu crains, — le tour est poli, —
Que ces engins trop délétères
Ne soient pas d'un effet joli
Dans le ventre des militaires.

Toi qui pour l'horrible duel
Embouchais ton clairon sonore
Avec tant de sang-froid cruel,
Vraiment cette douceur t'honore.

Désormais en petit manteau
Il faudra t'habiller, Mégère,
Comme une Aminte de Wateau.
Prends un gai chapeau de bergère,

Et, laissant là tes mousquetons,
Dans les prés que la Seine arrose,
Fais paître les petits moutons
En filant ta quenouille rose.

Car, Déesse aux yeux aveuglants,
Tu veux bien que le canon broie
Les bataillons noirs et sanglants :
Cela, tu le veux avec joie ;

Tu veux bien, parmi les sanglots,
Qu'en tes champs pleins de funérailles
Des corps troués on voie à flots
Sortir du sang et des entrailles ;

Tu veux bien que sur les pavés
On trouve, en tes routes nouvelles,
Des nez coupés, des yeux crevés,
Des lambeaux épars de cervelles ;

Tu veux, sous le ciel indigo,
Que ton noir cheval qu'on renomme
Foule aux pieds, comme dit Hugo,
Et l'homme, et l'homme, et l'homme, et l'homme.

Guerre, tu ne peux le nier,
D'une plaine rose et fleurie
Tu veux bien faire le charnier
De ta hideuse boucherie;

Sur tous ces détails, en effet,
Ton point de vue est homogène;
Mais, en somme, on n'est pas parfait :
La balle explosible te gêne.

Va, laisse ton cœur endurci
Et relève ton front tragique !
Prends la balle explosible aussi;
Car pourquoi manquer de logique?

Fais sauter les hommes en l'air,
Et quitte une crainte imbécile :
Mâche la mitraille et l'éclair,
O meurtrière ! et sois tranquille,

Au jour fixé, quelque géant,
Un génie encore invisible
Emportera dans le néant
Tes canons, ta balle explosible,

Ton souffle de flammes, ton bruit,
Ta démence effroyable et creuse,
Et fera rentrer dans la nuit
Ta fantasmagorie affreuse !

Juin 1868.

Embellissements

Si vous le pouvez, d'un œil sec
Regardez cela. C'est la rue
De la Paix. Dieux puissants! avec
Quelle fureur le pic s'y rue!

Dégringolez, façades, coins!
En avant la pelle et la pioche!
O rue historique, rejoins
Celles de Tyr et d'Antioche!

Le spectacle est superbe, car
Des hordes, comme en rêve entrées
Dans ces maisons, en sortent par
Les trous des chambres éventrées;

Tous ces palais sur leurs genoux
Laissent ruisseler leurs entrailles;
On voit, comme des aigles fous,
S'envoler des pans de murailles;

Et les plâtras et les gravats,
O dieu de notre préfecture,
Couvrent la ville où tu gravas
Ton nom pour la race future.

Blanc comme Avril en floraison,
Le passant gémit, pleure et beugle.
Désormais on a bien raison
De dire que l'homme est aveugle;

Car, ainsi masqué jusqu'aux dents,
Le Français, qui devient farouche,
A du plâtre dans les yeux, dans
Les narines et dans la bouche.

O Parisien, ta cité
A présent n'a plus de rivales;
Mais, selon ta capacité,
Ce plâtre, il faut que tu l'avales!

Et voici, dans tout ce mic-mac,
Le plus clair de tes héritages :
Tu dois avoir dans l'estomac
Quelques maisons à cinq étages!

Hurrah! Le fauve Sahara
Croît et grandit, où fut la rue
De la Paix; bientôt l'on aura
Coupé cette immense verrue.

Bon Paris, patiente encor !
Bientôt, pourvu qu'on démolisse,
Tu deviendras le sable d'or,
Le désert parfaitement lisse,

O ville, — et, prudents animaux,
Au lieu même où tu te pavanes
Les doux et patients chameaux
Iront en longues caravanes !

Paix divine ! ce n'est plus qu'aux
Antipodes que l'on te souffre ;
L'Europe est ivre de shakos,
De canons rayés et de soufre.

Tu souris, efforts superflus !
Ta détresse, hélas ! s'est accrue.
Chez nous il ne te restait plus
Rien, Déesse, qu'un nom de rue ;

On te le reprend ! Il est sûr
Qu'un édile sévère et tendre
Ne peut pas laisser ton nom sur
Des démolitions à vendre !

Ouvrière, qui n'as souci
Que d'une œuvre amoureuse et lente,
Le préfet te chassa d'ici
Comme une marchande ambulante ;

Ce maître a brisé ton collier
Et l'a jeté dans le cloaque,
Et, pour te mieux humilier,
T'a même retiré ta plaque !

Juillet 1868.

Le Budget

Le nouveau BUDGET, sphinx au front jeune et charmant,
    Sourit avec des airs de prince;
Ma foi! nous le pourrons nourrir facilement,
    Voyez comme il est svelte et mince!

Malgré ses ailes d'aigle et son corps de lion,
    Il n'a pas du tout l'air farouche,
Et je pense qu'avec un petit million
    Nous pourrons lui fermer la bouche.

— Allons, j'ai faim, (dit-il de sa plus douce voix;)
    Je veux grignoter quelque miette. —
Messieurs les députés viennent, et je les vois
    Remplir aussitôt son assiette.

Sacs d'or, sacs de billon pesant, lourds sacs d'argent,
    S'empilent, et, comme une guivre,
Le sphinx avale tout, or au reflet changeant,
    Sacs d'argent et lourds sacs de cuivre.

— Encor, dit-il. — Voici qu'on lui sert derechef
  Argent et cuivre et pièces jaunes;
De l'argent et de l'or et du papier joseph
  En paquets longs de plusieurs aunes.

Il mange tout. Devant nos regards éblouis,
  Affamé comme un saltimbanque,
Il engloutit les tas immenses de louis
  Et croque les billets de banque.

— Encor, encor, encor, encor, encor ! dit-il.
  Qu'on me serve dans cette enceinte.
Puis il ajoute avec un sourire subtil :
  Tout cela n'était que l'absinthe !

Mes amis, n'allez pas m'affamer pour deux liards,
  Car je suis un mangeur modeste.
Encor des millions, encor des milliards,
  Et des trilliards s'il en reste ! —

Et toujours le BUDGET dévore. O ciel ! jusqu'où
  Fourre-t-il cet or ! Quelle autruche !
Il sue, on voit saillir les veines de son cou :
  Il enfle comme une baudruche !

— Seigneur, lui dit un sage, arrêtez-vous. Tremblez.
  Voilà votre abdomen qui ronfle ;
Bourré jusqu'à la gueule enfin, vous ressemblez
  A ces ballons que Nadar gonfle !

Écoutez, il est temps, la voix de la raison.
　　J'ai vu votre ventre en spirale
Gros comme un éléphant, gros comme une maison,
　　Puis gros comme une cathédrale,

Le voici, — maintenant que l'on se relaya
　　Pour vous nourrir selon les règles, —
Pareil au plus géant des monts Himalaya,
　　Qui domine le vol des aigles!

Il faut se modérer, seigneur, c'est le devoir.
　　On vous a donné carte blanche,
Mais tenez-vous-en là. Sinon, craignez de voir
　　S'émietter comme une avalanche,

Sauter comme une bombe ou crouler comme un pont
　　Ce beau ventre qui vous décore!
Plus d'or, ou vous crevez. — Et le BUDGET répond :
　　Je crève, mais j'en veux encore!

　　Juillet 1868.

Triolets

LA LANTERNE

Que de lumière, que de feu,
O Rochefort, dans ta LANTERNE!
Monsieur Pinard en devient bleu :
Que de lumière, que de feu!
C'est le cas de dire, morbleu,
Que tu n'as pas un talent terne!
Que de lumière, que de feu,
O Rochefort, dans ta LANTERNE!

MARBRE ROSE

Par ses lys, Blanche d'Antigny
Du temps de Rubens est datée.
Elle charme Bade et Lagny
Par ses lys, Blanche d'Antigny.
Car, même au dîner de Magny,
Pour ses Dieux il n'est pas d'athée.
Par ses lys, Blanche d'Antigny
Du temps de Rubens est datée.

MONSIEUR LECOQ

Naguère, on aimait Paul de Kock ;
On lut en d'autres temps L'Uscoque.
Lorsqu'il paradait comme un coq,
Naguère, on aimait Paul de Kock.
Puis, à présent, Monsieur Lecoq
Passe comme un œuf à la coque.
Naguère, on aimait Paul de Kock ;
On lut en d'autres temps L'Uscoque.

LE VÉLOCIPÈDE

Moitié roue et moitié cerveau,
Voici l'homme-vélocipède.
Il va, plus docile qu'un veau,
Moitié roue et moitié cerveau.
Il se rit, animal nouveau,
De Buffon et de Lacépède !
Moitié roue et moitié cerveau,
Voici l'homme-vélocipède.

AUTRES CHASSEPOTS

Inventez, cinq ou six fois l'an,
Des fusils : je vois tout en rose !
Ne perdez pas ce fier élan,
Inventez, cinq ou six fois l'an,

Des fusils! des fusils! il en
Restera toujours quelque chose.
Inventez, cinq ou six fois l'an,
Des fusils : je vois tout en rose!

LES GRANDES DAMES

Ah! comme Arsène Houssaye a fait
Ses GRANDES DAMES, l'homme habile!
Comment les montrer, en effet?
Ah! comme Arsène Houssaye a fait!
En son livre, tout est parfait;
C'est Trianon... et c'est Mabille!
Ah! comme Arsène Houssaye a fait
Ses GRANDES DAMES, l'homme habile!

PARIS GRATTÉ

Dans la plus belle des saisons,
La propreté se manifeste.
Oui, dans le temps des floraisons,
Dans la plus belle des saisons.
On a nettoyé tes maisons,
Ville de boue : à quand le reste!
Dans la plus belle des saisons,
La propreté se manifeste.

ÉPILOGUE

Pour bien faire le Triolet
Il faut trop d'esprit. Je m'arrête.
Je ne vois plus que Briollet
Pour bien faire le Triolet.
Oh! mener ce cabriolet
Sur le mont à la double crête!... —
Pour bien faire le Triolet
Il faut trop d'esprit. Je m'arrête.

Juillet 1868.

La Mitrailleuse

I

La Mitrailleuse, un nom charmant! J'y veux songer.
    Elle est d'une bonne syntaxe;
J'aime sa tabatière et son affût léger,
    Ses canons tournant sur un axe,

— Jolis petits canons, étroitement unis, —
    Sa batterie en féronnière
Et son récipient à cartouches, munis
    Chacun d'un couvercle à charnière!

La chose est dans sa boîte, et, pour charmer nos yeux,
    Se manœuvre, (on me le révèle,)
O Barbarie, ainsi que ton orgue joyeux,
    En tournant une manivelle;

Grâce à quoi dragons verts, cuirassiers, fusiliers,
　　　Déchus de leur beauté physique,
Tous, par douzaines, par centaines, par milliers
　　　Seront foudroyés en musique.

Un enfant y suffit; alors, dans un éclair,
　　　Notre chair sous le plomb féroce
Volera par lambeaux ensanglantés, sur l'air
　　　ALLEZ-VOUS-EN, GENS DE LA NOCE!

II

O mères! qui, riant au baiser de vos fils,
　　　Oubliez l'amère souffrance
Et portez suspendus à votre sein de lys
　　　Ces beaux enfants, fleurs de la France;

Ne vous obstinez pas, ô mères que le jour
　　　Baigne de sa clarté subtile,
A les nourrir ainsi du lait de votre amour;
　　　Cessez une lutte inutile.

Tandis que votre lait abreuve un seul enfant,
　　　LA MITRAILLEUSE, mousquetade
Énorme, a vite mis un millier triomphant
　　　D'hommes faits — en capilotade.

Vous ne résistez pas à la comparaison !
  Couseuses, rien ne peut absoudre
Le fil d'or de nos jours ; vous n'aurez pas raison
  De cette machine à découdre !

Le fossoyeur n'a plus à creuser de tombeaux.
  Les oiseaux noirs pendent en grappe
Sur nous ; voici venir la fête des corbeaux :
  C'est pour eux que l'on met la nappe !

III

Car, ô Progrès, génie auguste et factieux !
  Songeur qui, déployant tes ailes,
Sous les noirs Océans et dans l'horreur des Cieux
  Vas chercher des routes nouvelles !

Un ménechme hideux, ton singe et ton bouffon,
  Contemplant ton œuvre hardie,
Pour réjouir la Nuit et pour charmer Typhon
  En fait l'ignoble parodie ;

Et quand, victorieux des vieux spectres rampants,
  Recréant la beauté première,
Démon de la science et du jour, tu répands
  La poésie et la lumière ;

Quand tu pétris, cyclope, avec ton dur marteau,
    La machine, — bête de somme
Qui traîne en se jouant le char et le bateau,
    Détruit l'espace, affranchit l'homme,

La Machine, qui va pour nous recommencer
    Les Titans aux labeurs superbes,
— Qui sait creuser le noir sillon, ensemencer,
    Faucher le blé, lier les gerbes;

Alors le faux Progrès, ton singe, acclimaté
    Dans les batailles volcaniques,
Pour nous hacher menu comme chair à pâté
    Forge des bourreaux mécaniques!

    Septembre 1868.

Périphrases

Toi qui, sur le frêle navire
Où nous voguons, as mis du lest
Dans la crainte qu'il ne chavire,
Inspire-moi, sublime ERNEST!

Tu communiques! Communique-
Moi tes sentiments fanfarons.
Un vocable te semble inique?
Il suffit. Avec lui je romps!

Dût le style en devenir terne,
J'écrirai sur un ton gaillard,
Au lieu du mot qui rime en TERNE :
INTERROMPU PAR LE BROUILLARD,

Ou bien quelque autre synonyme. —
Je commence, dût à mes yeux
Expirer de chagrin la Rime,
Car le plus tôt sera le mieux.

Au boulevard, les candélabres,
— J'en saute, comme Eugène Paz! —
Portent au haut de leurs fûts glabres
Des INEXPRESSIBLES — à gaz.

Diogène, âme peu commune,
S'il vient chercher son homme ici,
A sa main ne tiendra plus qu'une —
SI J'OSE M'EXPRIMER AINSI.

Par cette chaleur accablante,
Si Thérèse, dans son château,
Nous offre une fête galante
Empruntée au charmant Wateau,

Les charmilles patriciennes
Empliront de flamme avec des
JE NE SAIS QUOI — vénitiennes
Leurs feuillages qui font un dais!

Si quelqu'un, se mettant à l'aise,
Veut conter, — on prend ce qu'on a, —
L'histoire du gars de Falaise
Qu'on trouve dans tous les ANA :

Pour terminer, s'il veut qu'en somme
ERNEST ne le tourmente point,
Il devra dire : Le pauvre homme
N'avait donc omis qu'un seul point,

C'est d'allumer sa — Trois-Étoiles. —
Ainsi, comme la mer à Brest,
Gonflez-vous, doux et légers voiles,
Pour plaire à la pudeur d'Ernest !

Oui, désormais, l'amant qui raille
Dans le drame de Bouchardy,
L'homme au manteau couleur muraille,
Le Mélingue fier et hardi

Aura (ce n'est point une bourde
Émise par quelque Gascon)
Une Passez-moi le mot — sourde,
Pour escalader le balcon.

Nous dirons, exempts d'arguties,
— Où chacun s'en repentirait, —
N'allez pas prendre les vessies
Pour des... — Points suspensifs, tiret !

Et l'on va sous une funèbre
Feuille de vigne, — du moins tout
Me le dit, — cacher la célèbre
Comment dirai-je ? — de Saint-Cloud.

Septembre 1868.

Trop de Cigarettes

Eh! oui, monsieur de Girardin,
Elles ont raison, vos sorties !
Si la France, riant jardin,
Ne produit plus que des orties,

Si l'éclat de son fier soleil
S'efface aujourd'hui sous la brume
Qui voile cet astre vermeil, —
C'est parce que l'Empereur fume.

Si notre siècle, Phaéton
Déchevelé, parfois s'égare
Et suit une route en feston, —
Oui, c'est la faute du cigare.

Pourtant, sans parti pris banal,
Prenons en main notre lanterne,
Roi de LA LIBERTÉ (journal),
Et regardons Paris moderne.

Je vois, dans cet âge irrité,
Les penseurs, les ardents apôtres
Du Droit et de la Vérité
S'armer les uns contre les autres,

Et je vois deux frères, jaloux
D'épouvanter les voûtes bleues,
S'entre-manger, comme ces loups
Dont il n'est resté que les queues.

J'entends monsieur de Champagny,
Qui, posant sa main sur sa cuisse
Comme on fait au bain Deligny,
Défend que désormais on puisse

Apprendre à lire à tout enfant
Qui, pendant sa jeunesse errante,
N'aura pas, banquier triomphant,
Gagné cent mille écus de rente !

Un autre, agitant le tison
De la Guerre absurde et stérile,
Au lieu de nous parler raison
Embouche le clairon d'Achille.

Sur nous tous levant un impôt
Conseillé par notre délire,
L'outil de monsieur Chassepot
Remplace la Plume et la Lyre ;

Et je vois, ô Dieux indulgents !
Orphée, en ces instants risibles,
Apprivoiser bêtes et gens
A coups de balles explosibles.

Au théâtre, un fou furieux,
Ayant toujours exécré celle
Dont se réjouissaient les cieux,
Dit : O Musique ! à sa crécelle.

J'entends, en leurs jeux triomphaux
Dont la folie est singulière,
Les acteurs faire des vers faux
Et vouloir souligner Molière.

Or, voyant que l'on a tout fait
Pour noircir la blancheur du cygne
Et que tout s'arrange en effet
Pour qu'Alceste pleure et s'indigne,

Je pense alors, sous mon tilleul
Songeant à nos peines secrètes,
Que l'Empereur n'est pas le seul
Qui fume trop de cigarettes !

Septembre 1868.

Chez Guignol

PERSONNAGES :

POLICHINELLE.
LE COMMISSAIRE.
LE CHAT, personnage muet.

Polichinelle.

Près de la Seine ou près du Tibre
Tous les esclavages sont laids !
Cher Commissaire, suis-je libre ?
Réponds-moi franchement.

Le Commissaire.

Tu l'es.

Polichinelle.

Plus d'abus ! Je dois les proscrire.
Pour éclairer quelque jour nos
Chers concitoyens, puis-je écrire
Ce que je veux dans les journaux ?

Le Commissaire.

Oui, tu le peux, — c'est ton affaire, —
A Paris comme à Montbrison,
En risquant seulement de faire
Sept ou huit mille ans de prison.

Polichinelle.

Fort bien. — Mais, de l'Art idolâtre,
Puis-je, à cette heure où je déchois,
Représenter sur mon théâtre
Les anciens drames de mon choix?

Le Commissaire.

Tu le peux, et que cette fête
Enchante le ciel indigo.
(Pourvu que le nom du poëte
Ne se termine pas en GO.)

Polichinelle.

Pour leur confier, joie ou larmes,
Tout ce qu'en moi le ciel a mis,
Puis-je, en l'absence des gendarmes,
Me réunir à mes amis?

Le Commissaire.

Oui. — Mais comme, ici-bas, l'on n'aime,
En ce lieu de perdition,
Aucun autre ami que soi-même,
C'est à cette condition

Qu'imitant Vénus dans sa conque, —
Aux champs, à l'ombre d'un tilleul,
Ou dans une chambre quelconque
Tu te réuniras — tout seul !

Polichinelle.

Bon. — Puis-je, lorsque tu me livres
Cet avenir doux et pompeux,
Avoir, pour colporter mes livres,
Ton estampille ?

Le Commissaire.

Tu le peux.

Colporte-les jusqu'aux murs d'Arles !
Et colporte-les encore à
Rome, pourvu que tu n'y parles
Que de Nichette et de Cora !

Polichinelle.

A l'Oisiveté, qui diffère,
Apportant un remède sain,
Mon héritier peut-il se faire
Agriculteur ou médecin ?

Le Commissaire.

Il le peut. Je détruis, j'efface
Tout ce qui jadis le bridait,
Mais à condition qu'il fasse
L'exercice, — comme Bridet !

Polichinelle.

Puis-je, allant faire une visite
A mon jeune ami Briollet,
Quand l'ouragan fait qu'on hésite,
Y courir en cabriolet ?

Le Commissaire.

Oui, — pourvu que dans les citernes
Ton cabriolet n'aille pas,
S'il est nuit, mirer des — LANTERNES !

Polichinelle.

Il suffit. Libre de mes pas,

Je puis être loyal et brave.
J'ai craint qu'on ne m'en empêchât,
Mais point ! Si quelqu'un est esclave,
Ce n'est pas moi.

Le Commissaire.
    Non, c'est le chat.

Septembre 1868.

Un Chant National,
s'il vous plaît

C'est la Chanson, LA MARSEILLAISE,
Ivre d'espérance et de jour,
Qui s'élançait de la fournaise,
Vierge, avec son grand cri d'amour !

C'est elle, âme de la Patrie,
Qu'avec leurs grands cœurs ingénus
Suivaient, en leur idolâtrie,
Les jeunes soldats aux pieds nus !

Jeune, dédaigneuse, immortelle,
Effrayant les astres jaloux,
Elle vous touchait de son aile,
Soleils épouvantés, et vous,

Batailles aux profondeurs noires,
Et tenait dans sa forte main
Le groupe effaré des Victoires,
Qu'elle emportait dans son chemin !

Elle marchait, lançant la foudre
Sur les rois d'orgueil enivrés,
Et de nos drapeaux, noirs de poudre,
Elle agitait les plis sacrés.

La grande Chanson, qui s'élance
Dans les airs pour vaincre et punir,
A présent garde le silence,
Les yeux fixés sur l'avenir.

Lorsqu'elle relève sa tête,
On croit entendre, au fond des cieux
Et dans l'horreur de la tempête,
Mugir les clairons furieux,

Et, sous les chênes centenaires,
Va grondant le bruit souverain
Des lourds canons, et les tonnerres
Que font les chariots d'airain.

A ses pieds, docile et farouche
Et caché dans l'ombre à demi,
Tressaille, ouvrant parfois la bouche,
Son courroux, lion endormi,

Et, tranquille, tenant son glaive
Qui reflète un rayon de feu,
Cette Pensée auguste rêve,
Calme et terrible comme un dieu.

Alors, tandis que ses yeux lisent
Au fond de l'azur infini,
Des passants viennent et lui disent :
— Guerrière, ton règne est fini.

Oui, nous avons, — c'est une affaire, —
Des rimes pauvres à placer.
Tu n'es plus rien. Nous allons faire
Une Ode pour te remplacer. —

La Déesse, dont la main joue
Avec le glaive aux reflets clairs,
Lève ses beaux yeux et secoue
Son front environné d'éclairs.

Admirant leur pas qui trébuche,
Elle voit le long peloton
Des musiciens en baudruche
Et des poëtes en carton,

Puis Jocrisse, embrassant la lyre
D'un air tendre et virgilien,
Et leur dit avec un sourire :
— Faites la Chanson. Je veux bien.

Octobre 1868.

Madame Polichinelle

Gille.

Ta grandeur me remplit d'effroi,
Polichinelle! — Réponds-moi.
Il paraît que tu bats ta femme.

Polichinelle.

Eh! oui, quelquefois je l'entame!
Oui, je la rosse, je la bats,
Et même, on m'entend de là-bas,
Quand, féroce comme un Cosaque,
Je lui tombe sur la casaque
Et de cent coups je lui fais don.

Gille.

Mais, lui demandes-tu pardon?

Polichinelle.

Il serait beau que je le fisse!

Gille.

Alors, dis, par quel artifice
Es-tu cependant adoré?

Polichinelle.

C'est que mon habit est doré.

Gille.

Madame, dit-on, se révolte
Parfois.

Polichinelle.

   Eh! oui. Par l'archivolte
De mon palais! tu dis fort bien.
Parfois elle rompt son lien.

Gille.

Ces jours derniers, émancipée,
La dame s'était échappée
Par un élan bien réussi!

Polichinelle.

Vrai Dieu! qu'elle était belle ainsi,
Mon Espagnole, ma Chimène!
Elle tranchait de l'inhumaine!

Elle portait d'un air mignon
La rose rouge à son chignon,
Et, fière, elle frémissait toute
Dans l'air libre, ayant une goutte
De sang de taureau dans le cœur!

Gille.

Cependant, te voilà vainqueur.
Parle-moi, beau chanteur de gammes :
Quel charme en toi compte les dames ?
Car ta bosse est pleine de vent
Par derrière, aussi par devant ;
Et, comme tu fus un ivrogne,
On voit fleurir ta rouge trogne.
Pour le reste, nous t'égalons !

Polichinelle.

C'est parce que j'ai des galons.

Gille.

Parlons franc. Tout le jour tu vides
Les pots, de tes lèvres avides ;
Et, trouvant que la soif te nuit,
Tu les vides encor la nuit.
Ta conduite est fort excentrique :
Au retour, tu prends une trique

Et, délibérément, tu bats
Le manteau, la robe et les bas
De madame Polichinelle.
Qui donc fait que la péronnelle
Consent à ces jeux effrénés ?

Polichinelle.

La pourpre — que j'ai sur mon nez!

Gille.

Bref, ayant mis à sec une outre,
Tu vides l'autre, et passes outre ;
Tu nous montres, étant fort laid,
Des cheveux plus blancs que du lait,
Et, de plus, tu deviens obèse.
D'où vient que ta femme te baise
Ainsi qu'un héros de roman ?
Apprends-moi donc quel talisman
Fait qu'une dame si jolie
Supporte la triste folie
De ton caractère immoral ?

Polichinelle.

C'est mon chapeau de général !

Octobre 1868.

Delirium tremens

On demande pourquoi tu ris?
Je le sais, moi, si tu l'ignores,
Pauvre Muse qui sur Paris
Agites ces grelots sonores!

Ah! devant ce qu'on nous fait voir
(L'esprit a sa délicatesse!)
Il faut rire de désespoir
Et chasser la noble Tristesse.

Le temps est venu, — c'en est fait,
Votre règne chez nous commence,
Dieux que l'on adore en effet,
O froid Délire, et toi, Démence!

Dans cet âge, plus ambigu
Que l'Ambigu de monsieur Faille,
Où le bon sens est exigu,
Je crains désormais qu'il ne faille,

En eussent-ils la crampe aux reins
Et mille fourmis dans le torse,
Mettre à tous nos contemporains
Une camisole de force.

Car le sens du bien et du mal
Disparaît, et, comme il s'efface,
L'absurde est notre état normal :
Pile est synonyme de : Face !

Que dit à présent le goût ? — Væ
Victis ! — Et Plessy, comme Febvre,
Montre un bijou, dont Legouvé
Malheureusement fut l'orfèvre.

Voici que, d'un air folichon
Clignant ses petits yeux de braise,
L'antique Mère Godichon
Veut évincer La Marseillaise ;

Une cocotte de gala,
Dont les attraits déjà trépassent,
Dit en lorgnant : Ces femmes-là !
A propos des dames qui passent ;

Macaire célèbre Sion
Sur le sistre et sur la viole :
Ailleurs, la Prostitution
Crie aux passants qu'on la viole !

Bobèche, sur qui resplendit
L'or des badauds qu'il a su traire,
Prend Orphée à part et lui dit :
Tu n'es pas assez littéraire !

Je vois, flambant comme un tison,
L'article d'un fier patriote
Ennemi de la trahison,
Signé... Judas Iscariote !

Polichinelle signe : Éros,
Et, comme fils de Carabosse,
Donne au divin Antinoos
Le conseil de rentrer sa bosse ;

Le voleur, tenant des tromblons,
Dit au volé : Rends-moi ma somme !
Et le nègre a des cheveux blonds.
J'en pleure et tout ceci m'assomme.

Comme le blanc se prétend noir
Et de nos pauvres yeux se joue,
— Vérité, brise ton miroir ! —
J'ai peur, quant à moi, je l'avoue,

Qu'arrêtant le céleste essieu,
Torquemada, monstre effroyable,
Ne veuille damner le bon Dieu
Et ne canonise le diable ;

Que Rothschild ne meure de faim,
Que le tigre ne fonde en larmes,
Et que Lacenaire à la fin
Ne fasse arrêter les gendarmes !

Octobre 1868.

Donec gratus...

> Et voilà comme de Banville
> On copie, en se flagellant,
> Le vers de campagne et de ville,
> Blanc, flamboyant et rutilant.
>
> JULES JANIN, *Journal des Débats.*

Lui.

Quand tu m'aimais, quand nul Jouvin
N'entourait de ses bras ton col souple et divin,
    Dame CRITIQUE, en ton commerce
J'ai vécu radieux comme le shah de Perse.

Elle.

Du temps que pour moi tu sonnais
La trompe, sans songer à faire des sonnets,
    Non, Diane de Maufrigneuse
Ne fut pas plus que moi superbe et dédaigneuse.

Lui.

La nymphe qui pince du luth
A présent me subjugue et pour moi donne l'UT!
  C'EST MA MAITRESSE, MA LIONNE :
Qu'on ajoute mes jours aux siens, je les lui donne.

Elle.

J'en dis autant pour Saint-Victor!
Il est pour moi Roland, Amadis, Galaor :
  Je voudrais, — ce désir me presse! —
Donner ma part de jours au Wateau de LA PRESSE.

Lui.

Mais quoi! puisque la foule a ri,
Si je laissais enfin les vers à Soulary?
  Si je te refaisais des phrases
Où la topaze brille entre les chrysoprases?

Elle.

Ah! quoique Paul de Saint-Victor
Soit brillant comme Gaiffe à la crinière d'or,
  Et toi plus léger que des bulles
De savon, je vivrais, je mourrais pour toi, — JULES!

Mai 1855.

Ancien Pierrot

Hommes hideux, et vous dont Amour fait sa gloire,
Femmes! je vous dirai ma déplorable histoire.
J'étais Pierrot. — Comment! Pierrot? — Mais oui, Pierrot.
J'étais Pierrot. Voler au rôtisseur son rôt,
Dérober des poissons aux dames de la Halle
Tout en les fascinant d'un œil tragique et pâle,
Boire, manger, dormir, tels étaient mes destins,
Et je goûtais l'ivresse énorme des festins!
    Plus blanc que l'avalanche et que l'aile des cygnes,
J'étais spirituel et je parlais par signes.
Avec mon maître, vieux et sinistre coquin,
Nous poursuivions dans les campagnes Arlequin
Et sa délicieuse amante Colombine.
Mais dès que je levais contre eux ma carabine,
Sur un fleuve brillant comme le diamant
Ils s'enfuyaient dans des nefs d'or. C'était charmant.
    Nous nous rencontrions parfois. Moins doux qu'Arbate,
J'assommais Arlequin avec sa propre batte.

Colombine, fuyant la cage et le réseau,
M'effleurait, en son vol tremblant, comme un oiseau ;
Je prodiguais, parmi les cris et les tumultes,
A Cassandre ébloui, des coups de pied occultes ;
Je riais, et la fée Azurine parfois,
A l'heure où le soleil teint de pourpre les bois,
Faisait jaillir pour moi, parmi les fleurs écloses,
Des pâtés de lapin dans les buissons de roses !
  Oh ! la fée Azurine ! Un jour, — ô mon pinceau,
Reste chaste ! — sur l'herbe, auprès d'un clair ruisseau,
Je la surpris dormant, sa poitrine de neige
A découvert. J'étais Pierrot. Que vous dirai-je ?
Sur ces lys, — un malheur est si vite arrivé ! —
Je mis ma lèvre, hélas ! Puis je récidivai,
Trois fois. J'étais Pierrot. Mais la fée adorable
S'éveilla toute rouge, et me dit : Misérable,
Deviens homme ! Aussitôt, — prodige horrible à voir ! —
Je sentis sur mon dos pousser un habit noir.
Comme si j'eusse été Français, Tartare ou Kurde,
Il me vint des cheveux, cette parure absurde ;
Sur mon front je sentis passer le badigeon
Qui rougit l'écrevisse, et comme le pigeon
Qui chante lorsqu'il frit dans une casserole,
J'eus cette infirmité stupide, la parole.
  Oui, je parle à présent. Je fume des londrès.
Tout comme Bossuet et comme Gil Pérès,
J'ai des transitions plus grosses que des câbles,
Et je dis ma pensée au moyen des vocables.

Tels s'enfuirent ma joie et mon bonheur perdu.
— Mais, dis-je à la cruelle Azurine, éperdu,
Souffrirai-je longtemps cette angoisse mortelle?
Redeviendrai-je pas Pierrot? — Si, me dit-elle.
Je ne veux pas la mort du pécheur. Quand les vers
Se vendront; quand, disant : Les raisins sont trop verts!
Le baron de Rothschild, abandonnant le mythe
De l'or, embrassera la carrière d'ermite;
Lorsque les fabuleux académiciens
Ne mettront plus d'abat-jour verts; quand les anciens
Romantiques, trouvant *Hernani* par trop raide,
Pâmeront de bonheur sur les vers de *Tancrède*;
Quand on ne verra plus, chez les Turcs, le vizir
Étrangler des sultans; quand, suivant sans plaisir
Les nymphes aux cheveux maïs, faisant fi d'elles,
Tous les maris seront à leurs femmes fidèles;
Quand la flûte prendra la place des tambours;
Lorsque enfin les bourgeois, ces habitants des bourgs
Qui, dans l'Espagne en feu comme dans le Hanovre,
Furent extasiés par *Le Convoi du Pauvre*,
Aimeront Delacroix et les ciels de Corot,
Toi, tu redeviendras Pierrot. — Grands dieux! Pierrot!
Je serai de nouveau Pierrot, fée Azurine! —
Criai-je; et cette fois, au lieu de sa poitrine
Je baisai sa chaussure, et mis ma lèvre sur
Le pan resplendissant de sa robe d'azur!

 A présent, me voilà rassuré. Plus de chutes.
Les soldats voudront bien marcher au son des flûtes.

Pourquoi pas ? Tout va bien. Je sens pâlir ma chair.
Les vers, à ce qu'on dit, vont se vendre très cher —
Dans trois jours. Le baron de Rothschild, je l'accorde,
N'a pas encore pris la bure et ceint la corde ;
Mais nous avons tous nos projets. Il a les siens.
Nos seigneurs, messieurs les académiciens,
Pareils à de vieux Dieux dans leur caverne noire,
Ornent encor d'abat-jour verts leurs fronts d'ivoire ;
Mais on doit en nommer de jeunes ce mois-ci.
Les romantiques, peuple en sa faute endurci,
Jusqu'ici ne sont pas accourus à notre aide ;
Mais ils diront bientôt : La flamme est dans *Tancrède*,
Et quant à *Hernani*, ce n'est qu'un feu grégeois.
Delacroix et Corot prennent chez les bourgeois,
Positivement. L'art dans leurs locaux motive
Les éclairs du Progrès, cette locomotive.
Les cocottes, Souris, Chiffonnette et Laïs,
Renoncent aux cheveux beurre frais et maïs ;
Depuis lors, moins friands de leurs épithalames,
Beaucoup de maris sont fidèles à leurs femmes.
Donc, en dépit du mal que m'a fait l'archerot
Amour, je vais bientôt redevenir Pierrot !
 O mes aïeux ! ce noir habit va disparaître
De mon dos frémissant ; de nouveau je vais être
Muet comme une carpe, et je ferai des sauts —
De carpe également, pour étonner les sots.
Oui, ta prédiction s'accomplit, Azurine !
Mon teint moins agité prend des tons de farine ;

Je suis comme tous les ténors, je perds ma voix;
Et je ris déjà comme un bossu, quand je vois
Pâlir mon nez, pareil à celui de la lune.
Les femmes accourront. — Qu'il est beau! dira l'une,
Et j'aurai des effets de neige sur mon front.
Et lorsque les petits enfants apercevront
Mon visage embelli d'une blancheur suprême,
Ils diront : J'en veux. C'est de la tarte à la crème!

  Janvier 1857.

Chez Bignon

ÉGLOGUE

ROSE, ROSETTE, PALÉMON.

Prends ta flûte légère, ô muse de Sicile !
On voyait là Finette, Héloïse, Lucile :
Nous soupions au sortir du bal. Quelques gandins,
Portant des favoris découpés en jardins,
Faisaient assaut d'esprit avec des femmes rousses.
Deux dominos pourtant, dont les allures douces
Nous ravirent, causaient poésie à l'écart ;
Et rien qu'en transcrivant, à sept heures et quart,
Leurs propos familiers d'hétaïres en vogue,
Un poëte essaya cette ébauche d'églogue.

Rose.

Oui, tu dis bien, oui, Scholl est vraiment l'Amadis
De la littérature aimable, — mais, tandis

Que, perdant sa chaleur aux soleils d'or volée,
Ce Cliquot rafraîchit dans la glace pilée
Qu'à ses pieds le garçon naguère amoncelait,
Rosette, mon cher cœur, parlons de Monselet.

Rosette.

Monselet est joli. Comme une vague aurore,
Son visage est vermeil et de fleurs se décore.
Je vois sa lèvre en feu dans le vin que je bois.
Quand il était petit, les roses dans le bois
Cachaient, en le voyant, leur aiguillon farouche,
Et les abeilles d'or voltigeaient sur sa bouche.

Rose.

Et quel esprit charmant! Comme il frappe d'estoc
Et de taille! Et pour la gaieté, c'est Paul de Kock.

Rosette.

Paul de Kock, en effet, mais avec plus de style.
On entre à son caveau par un blanc péristyle.

Rose.

Wateau, peintre du beau, que son temps violait,
Eût fait de lui sans doute un abbé violet
Épris de Colombine, et dans la nuit avare
Éveillant doucement l'âme d'une guitare.

Rosette.

Les Grâces le font vivre et l'ont accrédité.
Dans sa prose on les voit, cachant leur nudité
Et leurs bras blancs pareils à des anses d'amphores,
Sous des bouquets riants de fraîches métaphores!

Rose.

Rire, charmer, pleurer parfois, c'est son destin.

Rosette.

Qu'il est ingénieux et fou dans un festin!

Rose.

Rosette, il faut le voir quand, faisant leur entrée,
Les truffes ont couvert la volaille éventrée.

Rosette.

Et quand le Romanée a mis sur le mur blanc
Son reflet écarlate et sa lueur de sang!

Rose.

Il n'est pas de printemps, mon cœur, sans violette;
Sans les clairs diamants, il n'est pas de toilette,
Comme sans Monselet, chanteur aérien,
Un dîner, même chaud, ne valut jamais rien.

Rosette.

Il a fait des romans que s'arrachaient les dames,
Et dont la verte allure enchanta les vidames!
Alors la châtelaine, errante au fond du val,
L'emportait sous son châle, ainsi que Paul Féval.

Rose.

Mais à présent il est cygne parmi les cygnes.

Rosette.

A présent il sait faire un chef-d'œuvre en cent lignes.

Rose.

Que j'en ai vu mourir, non pas mille, mais cent
Mille, mais deux cent mille, avec Villemessant,
De ces ténors! Mais, seul, Monselet a l'ut dièze.

Rosette.

Quand il écrit, l'Europe entière en est bien aise,
Et, comme s'ils tombaient de l'outre de Sancho,
Les vins les plus pompeux coulent chez Dinochau.

Rose.

Parfois LE FIGARO plane moins que Pindare
Sur l'éther, mais on croit écouter la fanfare
De l'alouette, unie au chant de doña Sol,
Les jours où Monselet s'y rencontre avec Scholl!

Rosette.

FIGARO, — trop souvent écrit pour les dentistes, —
Est charmant quand il a ces deux instrumentistes.

Rose.

Alors c'est un oiseau qui mêle sur son flanc
L'émeraude et l'azur.

Rosette.

C'est le rose et le blanc
Unissant leurs splendeurs pour une apothéose.

Rose.

Scholl aime mieux le blanc.

Rosette.

Et Monselet le rose.

Rose.

Qui sait parler ses vers comme toi, Monselet?

Rosette.

Qui mieux que lui, ma sœur, chante un petit couplet?

Rose.

Jamais, lorsqu'il le dit, un mot léger n'offusque,
Et j'aime éperdument son ESPION ÉTRUSQUE.

Roselle.

Il le conte si bien qu'on voit le champion
S'escrimer dans la nuit contre cet — espion.

Rose.

J'aime son feuilleton. Comme il voit bien les pièces!

Roselle.

Les contes qu'il en fait enchantent mes deux nièces.

Rose.

Ses caprices railleurs valent ceux de Goya.

Roselle.

Même Buloz un jour grâce à lui s'égaya!

Rose.

Monsieur de Cupidon, roué qui nous défie,
C'était là de la bonne autobiographie;
C'est l'auteur qui, jetant sa tunique de lin,
Exécute ce rôle en habit rinzolin!

Roselle.

Lorsque l'Amour, perçant les cœurs par ribambelles,
Bat les forêts de Cypre et fait la chasse aux belles,
C'est lui qui, sur son cor, vient sonner l'hallali.
Si Gaiffe est toujours beau, Monselet est joli.

Rose.

Monselet est joli, cela je te l'accorde.
Comme un Américain voltigeant sur la corde
Tout vêtu de soleil et d'écailles d'argent,
Il jette à l'azur même un regard indulgent !

Rosette.

On peut aimer un pitre, un notaire, un Osage.
Tel s'éprend d'une femme au gracieux visage
Rencontrée au Brésil ou dans Piccadilly :
Avant tout, à mes yeux, Monselet est joli.

Palémon.

Enfants, vous parlez bien ; mais qui pourrait tout dire ?
Laisse là ton crayon, toi, rimeur en délire ;
Buvons, et ne perds pas tous ces instants si courts
A sténographier mot à mot les discours
De ces buveuses d'or à la fauve crinière.
Elles causaient de chose et d'autre, à la manière
Des bergers de Sicile essayant leurs pipeaux,
Et n'avaient pas tenu ces frivoles propos
Littéraires, afin que tu les écrivisses. —
Mais voici le champagne avec les écrevisses !

Mars 1862.

RIMES DORÉES

1863-1890.

AU LECTEUR

ES Rimes qui, pour la plupart, avaient brillé dans mon esprit avant celles des Occidentales, étaient comme dorées en effet par ces rayons de soleil couchant qui ont parfois la splendeur joyeuse d'une aurore. Au moment où je chantais ainsi, nous n'avions pas encore au flanc la blessure qui toujours s'irrite et saigne. Déjà enfuie loin de moi, la Jeunesse me laissait voir encore son lumineux sourire et le bout rose de la draperie qui traîne derrière elle; et si ma pensée était troublée obscurément par les affres de ce qui devait venir, je me rassurais, comme tous l'ont fait, en songeant à ce qu'il y a de vivace dans le miraculeux génie de la France.

Parmi les feuillets épars de ce recueil, je relis, hélas! dans le poëme intitulé: La Lyre dans les Bois, une strophe où je parlais de la victoire avec un dédain qui aujourd'hui m'arrache des larmes. Nous étions bien heureux alors, ou bien dégoûtés, et le temps devait venir si vite où cette victoire, méprisée naguère, nous l'appellerions avec des cris désespérés! Mais, c'est la loi fatale et sans exception, l'avenir qui, lorsqu'il était éloigné encore, nous apparaissait visible dans la clarté, se voile et disparaît à nos yeux quand il s'approche et quand il va devenir le présent. En composant ces petits poëmes, embellis souvent par une allégresse triomphale, je ne me doutais plus que les jours accouraient où j'aurais l'épouvantable occasion d'écrire les Idylles Prussiennes.

T. B.

Paris, le 5 mai 1875.

RIMES DORÉES

L'Aube romantique

A CHARLES ASSELINEAU

Mil huit cent trente! Aurore
Qui m'éblouis encore,
Promesse du destin,
   Riant matin!

Aube où le soleil plonge!
Quelquefois un beau songe
Me rend l'éclat vermeil
   De ton réveil.

Jetant ta pourpre rose
En notre ciel morose,
Tu parais, et la nuit
    Soudain s'enfuit.

La nymphe Poésie
Aux cheveux d'ambroisie
Avec son art subtil
    Revient d'exil;

L'Ode chante, le Drame
Ourdit sa riche trame;
L'harmonieux Sonnet
    Déjà renaît.

Ici rugit Shakspere,
Là Pétrarque soupire;
Horace bon garçon
    Dit sa chanson,

Et Ronsard son poëme,
Et l'on retrouve même
L'art farouche et naïf
    Du vieux Baïf.

Tout joyeux, du Cocyte
Rabelais ressuscite,
Pour donner au roman
    Un talisman,

Et l'amoureuse fièvre
Qui rougit notre lèvre
Défend même au journal
    D'être banal!

La grande Architecture,
Prière sainte et pure
De l'art matériel,
    Regarde au ciel;

La Sculpture modèle
Des saints au cœur fidèle
Pareils aux lys vêtus
    De leurs vertus,

Et la Musique emporte
Notre âme par la porte
Des chants délicieux
    Au fond des cieux.

O grand combat sublime
Du Luth et de la Rime!
Renouveau triomphal
    De l'Idéal!

Hugo, sombre, dédie
Sa morne tragédie
Aux grands cœurs désolés,
    Aux exilés,

A la souffrance, au rêve,
Il embrasse, il relève
Et Marion, hélas !
   Et toi, Ruy Blas.

Et déjà, comme exemple,
David, qui le contemple,
Met sur son front guerrier
   Le noir laurier.

George Sand en son âme
Porte un éclair de flamme ;
Musset, beau cygne errant,
   Chante en pleurant ;

Balzac, superbe, mène
La Comédie Humaine
Et nous fait voir à nu
   L'homme ingénu ;

Pour le luth Sainte-Beuve
Trouve une corde neuve ;
Barbier lance en grondant
   L'Iambe ardent ;

La plainte de Valmore
Pleure et s'exhale encore
En sanglots plus amers
   Que ceux des mers,

Et, sur un mont sauvage,
L'Art jaloux donne au sage
Théophile Gautier
    Le monde entier.

En ces beaux jours de jeûne,
Karr a plus d'amour jeune
Qu'un vieux Rothschild pensif
    N'a d'or massif;

De sa voix attendrie
Gérard dit la féerie
Et le songe riant
    De l'Orient;

Les Deschamps, voix jumelles,
Chantent : l'un a des ailes,
L'autre parle à l'écho
    De Roméo.

Frédérick ploie et mène
En tyran Melpomène,
Et la grande Dorval
    L'a pour rival;

Berlioz, qui nous étonne,
Avec l'orage tonne,
Et parle dans l'éclair
    A Meyerbeer;

Préault, d'un doigt fantasque,
Fait trembler sur un masque
L'immortelle pâleur
   De la Douleur,

Tandis qu'à chaque livre
Johannot, d'amour ivre,
Prête un rêve nouveau
   De son cerveau.

Pour Boulanger qui l'aime,
Facile, et venant même
Baiser au front Nanteuil
   Dans son fauteuil,

La Peinture en extase
Donne la chrysoprase
Et le rubis des rois
   A Delacroix.

Daumier trouve l'étrange
Crayon de Michel-Ange,
— Noble vol impuni ! —
   Et Gavarni

Court, sans qu'on le dépasse,
Vers l'amoureuse Grâce
Qu'à l'Esprit maria
   Devéria !

Mais, hélas! où m'emporte
Le songe! Elle est bien morte
L'époque où nous voyions
    Tant de rayons!

Où sont-ils? les poètes
Qui nous faisaient des fêtes,
Ces vaillants, ces grands cœurs,
    Tous ces vainqueurs,

Ces soldats, ces apôtres?
Les uns sont morts. Les autres,
Du repos envieux,
    Sont déjà vieux.

Leur histoire si grande
N'est plus qu'une légende
Qu'autour du foyer noir
    On dit le soir,

Et ce collier illustre,
Qu'à présent touche un rustre,
Sème ses grains épars
    De toutes parts.

Hamlet qu'on abandonne
Est seul et sans couronne
Même dans Elseneur :
    Adieu l'honneur

De l'âge romantique;
Mais de la chaîne antique
Garde-nous chaque anneau,
  Asselineau!

Comme le vieil Homère
Savamment énumère
Les princes, les vassaux
  Et leurs vaisseaux,

Redis-nous cette guerre!
Les livres faits naguère
Selon le rituel
  De Renduel,

Fais-les voir à la file!
Jusqu'au Bibliophile
Montrant page et bourrel,
  Jusqu'à Borel;

Car tu sais leur histoire
Si bien que ta mémoire
N'a pas même failli
  Pour Lassailly.

Donc, toi que je compare
Au Héraut, qui répare
Le beau renom des vers
  Par l'univers,

Dis-nous MIL HUIT CENT TRENTE,
Époque fulgurante,
Ses luttes, ses ardeurs
    Et les splendeurs

De cette apocalypse,
Que maintenant éclipse
Le puissant coryza
    De Thérésa!

Car il est beau de dire
A notre âge en délire
Courbé sur des écus :
    Gloire aux vaincus.

Envahi par le lierre,
Le château pierre à pierre
Tombe et s'écroule ; mais
    Rien n'a jamais

Dompté le fanatisme
Du bon vieux romantisme,
De ce Titan du Rhin
    Au cœur d'airain.

21 Juillet 1866.

La Lyre dans les Bois

PETIT PROLOGUE
POUR UNE SYMPHONIE COMIQUE

I

Le musicien, fils des Dieux,
Est maître absolu de notre âme,
Et dans l'Infini radieux
Il l'emporte en son vol de flamme.

Il est le maître, il est le roi,
Sans fusils ni canons de cuivre,
Sans batailles pâles d'effroi ;
Dès qu'il ordonne, il faut le suivre.

Donc, — il le veut, — partons, fuyons,
Quittons pour ses apothéoses
Cette fête où dans les rayons
Resplendissent les lèvres roses ;

Cette fête aux aspects charmants
Où parmi les flammes fleuries
Brillent les éblouissements
Des femmes et des pierreries.

Il va, le chanteur inspiré :
Suivons-le d'un vol énergique
Au loin, sous le ciel azuré,
Dans la grande forêt magique ;

Au bois, où se mêlent encor
Sous les ombres silencieuses
Le divin rire aux notes d'or
Et les larmes délicieuses ;

Où du sein des antres profonds
Les oiseaux donnent la réplique
A des virtuoses bouffons
Jouant un air mélancolique.

Là, comme un seigneur espagnol,
Tandis que Vénus étincelle,
Le mélodieux rossignol
Se plaint d'amour à la crécelle.

Puis, dans un triste adagio,
La trompette gémit et pleure
Sur notre époque d'agio
Que jamais un rêve n'effleure !

Caille, coucou, dans le verger
Tout s'évertue et bat des ailes ;
Et celle qui d'un pied léger
Bondit sur les herbes nouvelles,

La Danse, folle du tambour,
Brisant le lien qui la sangle,
Bondit, haletante d'amour,
Et s'envole avec le triangle !

II

Voix, parlez aux rameaux flottants ;
Musique, enchante la ravine !
Tenez, mesdames, de tout temps
Ce fut de même, j'imagine,

Sur l'herbe et dans les noirs ravins
Et parmi la feuillée obscure,
Un échange de chants divins
Entre la Lyre et la Nature !

Au temps où les bêtes pleuraient,
Dans la sainte nature fée
Les lions soumis adoraient
Un chanteur qu'on nommait Orphée,

Car (dans mon rêve je le vois
Éveillant les antres sonores)
Il avait dans sa grande voix
L'éblouissement des aurores,

La profondeur des cieux, le son
Qui monte des sphères sacrées,
L'horreur des bois et le frisson
Des étoiles enamourées.

A l'Opéra l'on eût sifflé,
Mais les panthères et la lice,
N'ayant pas sur elles de clé,
N'y cherchaient pas tant de malice,

Et les tigres dans les déserts
Dédaignaient la façon banale
De bâiller à tous les beaux airs, —
N'ayant pas de loge infernale.

Dans l'ombre des rochers épars
Ou groupés sous un noir mélèze,
Les onces et les léopards
Tout bonnement se pâmaient d'aise ;

En ces temps naïfs, aucun d'eux
N'avait peur de paraître bête,
Et de leurs bons mufles hideux
Ils léchaient les pieds du poëte.

III

Oh ! s'envoler comme Ariel !
Quitter la terre avec délire,
Prêter l'oreille aux voix du ciel
Et ne pas dédaigner la Lyre !

Pauvres gens, — qui nous enivrons
D'entendre une horrible Victoire
Mugir avec les noirs clairons, —
Ce serait notre seule gloire !

Dans ce cas-là, si nous voulions,
Nous aurions peut-être, je pense,
Autant d'esprit que les lions :
Ce serait notre récompense.

Rappelez-vous ce mot vanté
De Shakspere, qui divinise
Le doux clair de lune enchanté :
C'est dans LE MARCHAND DE VENISE.

Lorenzo, qui sur tous les tons
Peignait son amour jeune et folle,
Dit à sa maîtresse : Écoutons
La musique, — ô sainte parole !

Et voici que les deux amants
Écoutent dans la nuit sans voiles
Les purs concerts des instruments
Se mêler au chant des étoiles

Oh! puisque le musicien,
Nous emportant dans l'harmonie,
Nous prend, libres de tout lien,
Sur les ailes de son génie;

Puisque, nous enivrant d'accords,
Nous pouvons avec un sourire
Entendre la harpe et les cors,
Comme les amants de Shakspere,

Faisons comme eux : envolons-nous
Au delà du monde physique,
Et, comme dit en mots si doux
Le maître, — écoutons la musique !

Mai 1867.

Une Fête chez Gautier

I

Hier, — doux remède à nos maux ! —
Thalie, ivre et fuyant la prose,
Chez le poëte des Émaux
Avait planté sa tente rose.

Le Caprice, qu'il a chanté,
Riait, sylphe au léger costume,
Coiffé du tricorne enchanté,
Et caressait Pierrot posthume.

Rayée en façon de satin,
Une salle en toile, folâtre
Comme un habit de Mezzetin,
Enfermait le petit théâtre.

D'ailleurs, un luxe oriental,
Pour la Muse qu'on divinise,
Mirait un lustre de cristal
Dans un beau miroir de Venise.

S'il faut vous dire quels témoins
Encombraient ce frêle édifice,
L'assemblée était certes moins
Nombreuse qu'au feu d'artifice.

Élégante comme il convient
Pour écouter la Poésie
Quand ce bel Ange nous revient,
Elle était illustre et choisie.

Tant de beaux yeux, couleur des soirs
Ou de l'or pur ou des pervenches,
Faisaient passer les habits noirs
Masqués par des épaules blanches.

La littérature y comptait,
L'ancienne aussi bien que la neuve,
Si bien que Dumas fils était
Assis auprès de Sainte-Beuve.

II

En dépit d'un siècle traînard,
On avait omis la Musique,
Par la raison que c'est un art
Trop matériel et physique.

Devant l'or sacré d'Apollon
Que devient cette pâle étoile ?
Donc ce fut sans nul violon
Que l'on vit se lever la toile.

Les décors malins et vermeils
 .ient de Puvis de Chavannes :
Pour en rencontrer de pareils
On irait bien plus loin que Vannes !

La Fantaisie et la Raison
S'y battaient de façon hautaine,
Et j'admirai que la maison
Fût moins grande que la fontaine.

J'aime ce mur d'un si haut goût
Où ce grand pot de fleurs flamboie !
Mais ce que je préfère à tout
Et ce qui m'a comblé de joie,

C'est l'enseigne du rôtisseur,
Qui ne mérite aucun reproche :
Un saint Laurent plein de douceur
Achevant de cuire à la broche.

Pour les pièces, on les connaît :
C'est la Muse parant la Farce
De cent perles où le jour naît,
Couronne sur sa tête éparse ;

C'est la débauche du Rimeur,
Qui, le front caressé d'un lierre,
Avec la Nymphe en belle humeur
S'enivre du vin de Molière.

Jamais chasseur en ses liens
N'a mieux pris la rime galante !
Mais parlons des comédiens :
Ma foi ! la troupe est excellente.

III

Malgré le CHACUN SON MÉTIER,
La critique ici ne peut mordre,
Puisque Théophile Gautier
Est un acteur de premier ordre.

Quoi! direz-vous. — Oui, c'est ainsi.
On a beau porter une lyre,
Il paraît que l'on peut aussi,
Faisant des vers, savoir les dire.

Comme il a bien peur des filous!
Oh! la réplique alerte et vive!
Les bons airs de tuteur jaloux!
La bonne bêtise naïve!

Les directeurs, — allez-y voir! —
N'ont rien qui vaille, dans leurs bouges,
Ce fier Géronte en pourpoint noir,
En bonnet rouge, en manches rouges.

Quant à Pierrot, blanc comme un lys
Et sérieux comme un augure,
Il empruntait de Gautier fils
Une très aimable figure.

Mais vous, Colombine, Arlequin,
Inez, Marinette, Valère,
Taille fine, frais casaquin,
Amour, esprit, gaieté, colère,

Que dire de vos yeux mutins,
De la fleur sur vos fronts éclose,
De vos petits pieds enfantins,
De vos chastes lèvres de rose?

O jeunesse! ô pourpre de sang!
Jamais ni Béjart ni de Brie
Avec un front suave et blanc
N'eurent la bouche plus fleurie.

Pour finir, louer RODOLFO
N'est pas une chose commode,
Et j'aurais besoin que Sappho
Me prêtât son grand rhythme d'ode.

Il est flûté comme un hautbois,
Brillant comme une faux dans l'herbe,
Et son geste a l'air d'être en bois :
Il est terrible, il est superbe.

Je le vois, hélas! j'aurais dû,
Moi qui veux la blancheur aux merles,
A travers ce compte rendu
Semer les rubis et les perles.

Qu'il est pâle, mon feuilleton
Pour cette fête sans seconde! —
Mais je suis comme fut, dit-on,
La plus belle fille du monde.

1ᵉʳ septembre 1865.

Conseils à un Écolier

Charles-Quint, dans un fier poëme,
Louait comme excellent collier
Les deux bras de celle qu'on aime;
Il avait raison, Écolier.

Puisque Avril a chassé les neiges,
Parlons d'amour, tandis qu'au bal
Ce printemps mène ses cortèges,
Car rien n'est plus original.

Au Luxembourg, qu'ils réjouissent,
Les oiselets pour matelas
Prennent les arbres qui fleurissent,
Les marronniers et les lilas;

Et nos âmes se sont ouvertes
A l'heure où brillent, voyez-les,
Au beau milieu des feuilles vertes,
Les jolis thyrses violets.

Heureux celui qui, sans paresse,
L'œil clair et les cheveux flottants,
Dit ces mots si doux : Ma maîtresse,
Avec des lèvres de vingt ans !

Ces jours-ci, (je suis à cent lieues
De prétendre qu'il fait trop chaud,)
Comme un sein ferme aux veines bleues
Sort galamment de son cachot !

Et, quoi que rabâche la Prose
En sa juste sévérité,
Ces lys blancs, ce bouton de rose
Sont l'éternelle vérité.

Écolier, si je te devine,
Si cet Avril rit dans ton sang,
Admire une jambe divine
Quand s'écarte le peignoir blanc ;

Dis lanlaire à l'Académie,
Où sommeille un art ingénu ;
Demeure aux genoux de ta mie,
Et baise longtemps son pied nu.

Bois aussi : le Vin est féerique !
Ronsard, le grand aïeul divin,
S'écriait d'un beau ton lyrique :
EN CES ROSES VERSONS DU VIN.

Quand le ciel, de façon narquoise,
Pour échauffer l'homme transi,
Brillait en habit de turquoise,
Comme il a fait tous ces jours-ci,

Le rimeur, oubliant Pergame,
Buvait le meilleur du cellier
En rimant des vers pour sa dame :
Il avait raison, Écolier.

Avril 1864.

Pas de Feuilleton

A ILDEFONSE ROUSSET

I

Mon cher directeur, je modère
Les élans de ma verve, et si
Mon feuilleton hebdomadaire
Fait relâche cette fois-ci ;

Le cher caprice étant mon hôte,
Si je me dorlote, en fumant,
Les pieds sur mes chenets, la faute
En est aux Dieux. Voici comment :

Toujours les directeurs ordonnent
Poliment de me convier
A toutes les fêtes qu'ils donnent :
Mais du premier au neuf janvier,

A Paris, ville des lumières
Où Joerisse lui-même est fin,
Nous avons vécu sans premières
Représentations. — Enfin,

Moi qui griffonne avec bravoure
Et qui n'ai jamais déserté,
Voici qu'une fois je savoure
Les douceurs de la liberté.

Je vis, je pense, je m'amuse,
Rime d'or, avec ton fuseau ;
Je fais ce que je veux ; ma Muse
Peut ouvrir ses ailes d'oiseau,

Et je l'embrasse, et pour renaître
Avec elle au sacré vallon,
Je m'envole par la fenêtre
Au charmant sabbat d'Apollon,

Où le dieu fauve, qui viole
Tous les vieux préceptes connus,
Joue en riant de la viole,
Parmi les vierges aux bras nus!

Et je ne vois plus de premières
Représentations, — avec
Les bouquets de roses infinies
Qui montent sur le temple grec,

Avec les acteurs dont le crime
Est de mêler, pitres fervents,
Des couplets dépourvus de rime
Et des accords de chiens savants!

Je ne vois plus ces avant-scènes
Qui ne s'obtiennent qu'à grands frais,
Où s'étalent des femmes saines
En petits cheveux beurre frais,

Maïs, jonquille, jaune soufre,
Ou bien roses comme les soirs
Du mois de juin. (Mon cœur en souffre,
Qu'on me ramène aux cheveux noirs!)

II

Je ne vois plus les troupes chères
Des gandins aux gilets ouverts
Ainsi que des portes cochères,
Gens si pâles qu'ils en sont verts,

Et qui, dans leurs cheveux, qu'admirent
Les demoiselles sans soucis,
Avec art sur leur front se tirent
Une raie entre les sourcils.

Je ne vois plus, narguant la plèbe,
Corselets ornés sur les flancs,
Leurs habits noirs comme l'Érèbe,
Où fleurissent des lilas blancs !

Ni cette loge où dans sa grâce
Triomphe Blanche d'Antigny,
Rose et lys vivant, et plus grasse
Qu'un perdreau truffé par Magny !

Errant au gré de ma folie
Au Pinde où toujours ruissela
Notre amoureuse Castalie,
Je ne vois rien de tout cela,

Et sur la pelouse enchantée
Je vais dans le zéphyr ami,
Aussi libre qu'un Prométhée
Dont le vautour s'est endormi.

A mes pieds que Phœbos délie,
Cherchant mes fers, galérien
De la vendangeuse Thalie,
O bonheur ! je n'y sens plus rien.

Car depuis huit jours les théâtres, —
Certes, jamais vous ne l'auriez
Pu croire, — ont des succès folâtres
En rabâchant sur leurs lauriers.

Moi donc, oiseau du ciel antique,
Pâle cygne du lac profond
Couvert d'une peau de critique,
Je puis ignorer ce qu'ils font.

J'ai le droit de voir tout en rose,
— O mes épithètes, dormez! —
Et sur mon magasin de prose
J'écris : LES BUREAUX SONT FERMÉS.

Que Macaire, orné d'un emplâtre,
Fasse traîner sur son talon
La rouge pourpre, ô Cléopâtre !
Dont il a fait un pantalon ;

Que Devéria, pour les merles
Qui voudraient être ses amants,
Etale des mètres de perles
Et des boisseaux de diamants ;

Qu'elle montre, svelte et farouche,
Un mollet dont Paris est fou,
Et que les perles de sa bouche
Nuisent à celles de son cou ;

Que, séduisant jusqu'aux Titanes,
Après sa moustache Capoul
Traîne encore plus de sultanes
Qu'un pacha n'en garde à Stamboul ;

Que ce monde-là vole ou rampe,
Afin de ravir les humains,
Devant les flammes de la rampe,
Tant pis, je m'en lave les mains.

Seigneur! je me soucie, en somme,
D'Hermione et de Camargo
Ainsi qu'un poisson d'une pomme,
(Comme l'a dit Victor Hugo.)

III

Car dans un décor où l'air joue
Et que n'a pas brossé Cambon
Je me promène, je l'avoue.
Certes, ma franchise a du bon,

Mais j'en prévois les conséquences;
Donc vous voulez, mon cher Rousset,
Savoir où je prends mes vacances?
Eh bien! je vais vous dire où c'est.

Dans les bois où glapit l'hyène,
Je suis, libre de tout lien,
La divine Thessalienne,
La grande chasseresse, — ou bien

Ariel me prend dans la nue
Et permet que je me rende à
l'île où sur son épaule nue
Il vient caresser Miranda ;

Où, dans un jardin que dévaste
Le lierre avec sa frondaison,
Je courtise, rival d'Éraste,
Ascagne habillée en garçon ;

Ou bien, — car, pour mon esprit, toutes
Les chimères ont des appas,
Et je connais toutes les routes
Des pays qui n'existent pas, —

Mes chagrins anciens faisant trêve,
Joyeux, n'étant plus endetté,
Aux côtés d'Hermia, je rêve
Le songe d'une nuit d'été ;

Ou, pendant de longues journées,
J'entends Roland sonner du cor
Dans les gorges des Pyrénées
Que le sang baigne, — ou bien encor,

Dans les Ardennes ou dans l'Inde,
Caché par quelque vert rideau,
Je fais des vers à Rosalinde
Comme si j'étais Orlando,

Et je la chéris, inhumaine,
En dépit du : Qu'en dira-t-on ?
Voilà pourquoi cette semaine
Vous n'aurez pas de feuilleton.

Pourtant, vous voudrez bien me rendre
Toute ma chaîne au grand complet,
Et je demande à la reprendre
Samedi prochain, s'il vous plaît.

Car un vieux journaliste, en somme,
Ne sait pas dire : Ils sont trop verts !
Et soit que, d'ailleurs, on le nomme
Romancier ou faiseur de vers,

Ce qu'il aime, c'est la patrie,
C'est le parfum, jamais banal,
Qu'a notre encre d'imprimerie,
Et l'atmosphère du journal.

Le National, Lundi 10 janvier 1870.

Au Pays Latin

O terre aventureuse
Où vit la fête heureuse
Du beau rire argentin,
    Pays Latin !

Dans Paris qui se blase,
Seul, pays de l'extase,
Tu gardes ta saveur
    Pour le rêveur.

Tu n'as pas, dans un antre,
Des boursiers au gros ventre
Courtisant des Laïs
    Jaune maïs ;

Tu n'as pas, faisant halte
Sur le bord de l'asphalte,
Des troupeaux de Phrynés
    Enfarinés ;

Tu n'as pas, comme Asnières,
Des lions sans crinières,
Buvant à ciel ouvert
    Le poison vert ;

Mais tu vis, mais tu penses !
Tu songes, tu dépenses
Tes jours dans un charmant
    Enchantement !

Tu dis qu'en tes demeures
Le jour n'a pas trop d'heures
Pour la pensée et pour
    L'immense amour.

Loin du gouffre vorace,
Tu chéris, comme Horace,
La flamme du vin vieux
    Et des beaux yeux.

Toutes les belles choses,
Les poëmes, les roses
Charment ton peuple, épris
    Des grands esprits,

Et jamais il ne cesse
D'adorer la déesse
Liberté, dont l'œil fier
    Lance un éclair.

Aime, travaille, ô terre
Jeune, fidèle, austère :
L'avenir, ce témoin,
    N'est pas si loin !

Terre aux ardentes sèves,
Tu feras de tes rêves,
Pour les déshérités,
    Des vérités !

Mais jusque-là conserve
Tes beaux espoirs, ta verve
Et ta soif d'infini,
    O coin béni !

Nul mieux que toi n'aspire
Le radieux sourire
Et le regard vermeil
    Du grand soleil ;

Ton parc entouré d'ombre,
C'est ce Luxembourg sombre,
Plein d'oiseaux querelleurs
    Et plein de fleurs ;

Tes poëtes, divine
Race, qui te devine
Et qui lit dans ton cœur
    Tendre et moqueur,

C'est Hugo solitaire,
Dont la plainte fait taire
Les sanglots arrogants
    Des ouragans;

C'est Leconte de Lisle,
Qui se souvient de l'île
Où fut nourri de miel
    Un roi du ciel;

C'est Barbier, dont l'Iambe
En l'air éclate et flambe;
C'est Musset isolé
    Et désolé;

C'est Charles Baudelaire,
Dédaigneux du salaire,
Que le sombre Oiseleur
    Prit en sa fleur,

Mais dont enfin la Gloire,
Ouvrant sa tombe noire,
Après un long affront,
    Baise le front!

Tes femmes, douces fées
De leurs cheveux coiffées,
Sans joyaux ni satin,
    Pays Latin,

Et riant, chœur folâtre,
Du troupeau qui se plâtre
Et se met du blanc gras
    Pour des ingrats,

Montrent, dans leur délire,
Les blanches dents du rire
Et les lys éclatants
    De leurs vingt ans !

Ris dans la triste ville,
Cher et suprême asile
Des fécondes leçons,
    Nid de chansons !

Toi seul, avril en fête,
Héraut, lutteur, poëte,
En ce temps envieux
    Tu n'es pas vieux !

En vain, des sots, — qu'importe ! —
Disent : La France est morte
Pour le divin combat.
    Non, son cœur bat !

Tandis que ces eunuques,
En leurs fureurs caduques,
Voudraient murer le Beau
    Sous un tombeau,

Garde tes saintes fièvres
Au cœur, et sur tes lèvres
Ces mots : Justice, jour,
Progrès, amour !

Avril 1868.

Marie Garcia

Ses yeux charmants sont clos dans un calme sommeil.
Naguère, hélas! riant au gai zéphyr, qui touche
Une tresse et frémit sur le bord de la couche,
Ses dents de lys avaient comme un reflet vermeil.

Lorsque le vers ailé, gracieux et pareil
A quelque chant d'oiseau, murmurait sur sa bouche,
Sa lèvre rougissait, délicate et farouche,
Comme un beau fruit sanglant baisé par le soleil.

Oh! son col héroïque à la ligne si pure!
Oh! comme ses sourcils fiers et sa chevelure
Débordante allaient bien à sa chaude pâleur!

Elle brillait ainsi, folle, timide, heureuse,
Et dans ses yeux charmés par l'espérance en fleur,
Comme en un lac dormant flottait l'ombre amoureuse.

Août 1864.

Promenade galante

A EDMOND MORIN

Dans le parc au noble dessin
Où s'égarent les Cidalises
Parmi les fontaines surprises
Dans le marbre du clair bassin,

Iris, que suit un jeune essaim,
Philis, Églé, nymphes éprises,
Avec leurs plumes indécises,
En manteau court, montrant leur sein,

Lycaste, Myrtil et Sylvandre
Vont, parmi la verdure tendre,
Vers les grands feuillages dormants.

Ils errent dans le matin blême,
Tous vêtus de satin, charmants
Et tristes comme l'Amour même.

Octobre 1868.

A Gérard Piogey

O GÉRARD, si mes vers sont dignes d'être lus
Par la postérité curieuse et ravie,
Ton nom resplendira parmi ceux qu'on envie,
Toujours plus jeune après les âges révolus.

Grâce à toi seul, je vois les arbres chevelus
Et les cieux, et les biens auxquels Dieu nous convie.
Sais-tu combien de fois tu m'as rendu la vie ?
Moi, sans être oublieux, je ne m'en souviens plus.

Mais elle te bénit, celle qui la première
A jeté dans mon âme une pure lumière
Et qui fait un bonheur de mon adversité,

Quand elle voit, charmant dans sa métamorphose
Et par tes soins heureux, vivant, ressuscité,
Notre Georges riant, et beau comme une rose!

Lundi 22 mars 1875.

A Albert Glatigny

Pauvre Comédien, pourvu que tu le veuilles,
Autour de Rosalinde errant avec douceur,
Un peuple enchanté, loin du pâle régisseur,
T'apparaît sous les verts abris où tu l'accueilles.

L'aube rose a pleuré sur les fleurs que tu cueilles.
Fou de satin vêtu, Cidalise est ta sœur,
Et, toujours sous la nue errant comme un chasseur,
Tu portes sur ton front doré l'ombre des feuilles.

Le ruisseau, qui te parle en un beau rhythme ancien,
Lorsque tu passes, dit : C'est un musicien!
Et, comme au rossignol, t'adresse des murmures.

Et, livrant au vent, près de la source où tu bois,
Sa joue en fleur, que souille encor le sang des mûres,
La nymphe Thalia te parle dans les bois.

  Mars 1869.

A Claudius Popelin

Oui, Claudius, parmi nos foules soucieuses,
Ta Muse, autrefois chère à des âges meilleurs,
Évoque doublement le souvenir des fleurs
Qui chantent pour nos yeux, notes silencieuses.

Car elle sait emplir d'âmes délicieuses
Les rhythmes caressants, divins comme nos pleurs,
Et, dans le riche émail, donner à ses couleurs
Le resplendissement des pierres précieuses.

Je l'aime, cette Nymphe à la charmante voix
Qui sème l'écarlate et l'azur sous ses doigts ;
Et, puisque tu le veux, Ouvrier qu'elle adore,

Sur son front, dont l'éclat royal sait marier
Des lys de neige avec des flamboiements d'aurore,
J'attacherai moi-même un rameau de laurier.

  Février 1869.

A Alphonse Lemerre

Il est bon d'honorer les poëtes, LEMERRE,
Car la Muse aux beaux yeux vers la clarté les suit,
Tandis qu'oubliant l'heure et le temps qui s'enfuit,
La folle Humanité caresse une Chimère.

Quand le muet Oubli nous tend sa coupe amère,
Leur voix seule persiste et n'est pas un vain bruit;
Achille ne serait qu'un spectre de la nuit
S'il ne revivait pas dans la chanson d'Homère.

Sage artiste, en dépit des frivoles rumeurs,
Tu veux fêter encor chez les derniers rimeurs
Le don mystérieux des vers et la Métrique;

Mais ton nom durera plus fort que le hasard,
Car tu resteras cher à la Muse lyrique
Pour avoir ravivé le laurier de Ronsard.

  Mercredi 31 mars 1875.

A Jules Claye

Artiste, votre nom de savant typographe
Emplit tout l'univers de sa belle rumeur ;
Mais vous savez aussi, bon poëte et rimeur,
Dompter le blanc cheval qui hennit et qui piaffe.

La Muse a devant vous détaché son agrafe.
Les vers que vous signez : JULES CLAYE, IMPRIMEUR,
N'égalent pas le charme et la joyeuse humeur
De ceux au bas desquels est mis votre paraphe.

Pour honorer Phœbos, le céleste imposteur,
Vous unissez la plume avec le composteur,
Et de toute façon nous aimons à vous lire.

Maître, vous mariez ainsi, pour nous ravir,
Le plomb victorieux à l'or pur de la Lyre
Et le métier d'Horace au grand art d'Elzévir.

Mars 1875.

A Gabriel Marc

La Rime est tout, mon cher cousin Gabriel Marc !
Elle est l'oiseau qui passe et dont l'aile nous touche ;
Elle est la pourpre en fleur que Rose a sur sa bouche
Quand le riant Wateau nous entraîne en son parc.

Quand l'étranger, Talbot ou Suffolk ou Bismarck
Boit le vin de nos ceps et dans nos draps se couche,
La Rime éclate alors, vengeresse et farouche
Comme la claire épée au poing de Jeanne d'Arc.

Aimons-la d'un cœur libre et d'un esprit agile !
Car la Rime est pour nous le code et l'évangile,
Et le degré qui monte aux paradis du ciel.

Mais la Lyre est malade en ce temps réaliste :
C'est pourquoi soignons bien nos rimes, Gabriel
Au fier nom d'ange, Marc au nom d'évangéliste !

    14 mars 1875.

Le Musicien

C'était un grand vieillard à chevelure blanche.
Il portait haut son front, neigeux comme les fleurs
D'avril; et, plus profonds que ceux des oiseleurs,
Ses yeux pensifs étaient du bleu de la pervenche.

Sur un violon jaune où sa tête se penche,
Il improvisait, fier, défiant ses douleurs,
Beau de l'émotion qui ruisselait en pleurs
De son archet tremblant, comme l'eau d'une branche.

Tel par ce rude hiver, pâle de froid, transi,
Sur la corde sonore où frémissait ainsi
Tout ce qu'en gémissant notre espérance nomme,

Disant les vains efforts, la soif du beau, l'amour,
Et toute la bataille effroyable de l'homme,
Il chantait. — Le portier l'a chassé de la cour.

Juin 1868.

L'Échafaud

Horreur! à l'heure même où, du poteau qui bouge
Rajustant les étais avec un soin jaloux,
Ces êtres, dans le bruit des marteaux et des clous,
Dressent sinistrement cette machine rouge;

A l'heure où de Charonne et du Petit-Montrouge
Viennent ces curieux, bohèmes et filous,
Qui se repaissent, plus féroces que des loups,
Du festin qu'a voulu l'insatiable gouge;

A l'heure où, devançant le matin hasardeux,
Ils se sont réunis pour ce complot hideux, —
Des mères, sous les yeux de cette même aurore,

Mettent dans cette vie, hélas! pleine de fiel,
De beaux petits enfants sur lesquels brille encore
La majesté de l'Ange et le reflet du ciel!

  Juin 1868.

La Blanchisseuse

Parmi des Nymphes, clair et souriant essaim,
Près du bel Eurotas, où glisse quelque voile,
Déesse, elle eût jadis régné, nue et sans voile,
Laissant le vent mêler ses cheveux à dessein.

Robuste, elle a des bras d'amazone, et son sein
Aigu, son jeune sein brillant comme une étoile,
Dessine un point saillant sur la robe de toile
Qui moule de son corps le ferme et pur dessin.

Un vieillard libertin, que sa grâce émerveille,
Lui murmure des mots ignobles à l'oreille;
Mais, sans avoir souci de ce piteux Lindor

Qui la suit et la lorgne avec des airs de singe,
Elle va d'un pas libre et sur ses tresses d'or
Superbes — elle porte un grand paquet de linge.

  Juin 1868.

Le Pompier

Un œil crevé, le front déchiré par les flammes,
Et n'ayant plus qu'un peu de vie en son œil blanc,
Ce pompier tout couvert de poussière et de sang
Expirait dans la nuit et dans la boue infâmes.

O philanthrope ému, tandis que tu déclames,
Une poutre embrasée avait troué son flanc.
Pour la première fois ayant quitté son rang,
Il s'en allait, tragique et seul, où vont les âmes.

Au bord du lit de camp, dans le poste éveillé
Pour l'accueillir, son bras velu traînait, souillé
Partout d'un sang épais et noir comme une lie.

Je voyais près de moi pendre ce bras guerrier,
Et j'y lus : POUR LA VIE AMOUR A ROSALIE,
Inscrit en rose dans un rameau de laurier.

  Juillet 1868.

La Danseuse

A HENRY REGNAULT

SALOMÉ, déjà près d'accomplir son dessein,
Sous ses riches paillons et ses robes fleuries
Songeait, l'œil enchanté par les orfèvreries
Du riant coutelas vermeil et du bassin.

Sa chevelure éparse et tombant sur son sein,
La Danseuse au front brun, parmi ses rêveries,
Regardait le soleil mettre des pierreries
Dans les caprices d'or au fantasque dessin,

Mêlant la chrysoprase et son fauve incendie
Au saphir, où le ciel azuré s'irradie,
Et le sang des rubis aux pleurs du diamant,

Comme c'est votre joie, ô fragiles poupées !
Car vous avez toujours aimé naïvement
Les joujoux flamboyants et les têtes coupées.

  Janvier 1870.

A Charles Desfossez

Puisqu'il faut songer au trépas
Quand on a fini sa ballade,
Docteur, ne me guérissez pas :
Depuis trente ans, je suis malade !

J'ai le mal divin et mortel
D'aimer toutes les belles choses,
Et de frémir comme à l'autel
Devant la majesté des roses.

J'ai le mal de croire au ciel bleu
Où, quand ma raison perd ses voiles,
Je vois distinctement un Dieu
Mener les chariots d'étoiles.

Dans mon délire je revois
Ces longs fleuves bordés de vignes
Où les flots à la douce voix
Charmaient les lauriers et les cygnes,

Et je cherche l'horizon pur
Où, dans leurs graves symétries,
Blanchissaient, éclairant l'azur,
Les temples et les théories.

Ne me guérissez pas, docteur,
Pour qu'ensuite je me promène,
Insoucieux et triste acteur,
Au milieu de la farce humaine.

Si jamais, sous un vil manteau,
Histrion des frivoles haines,
Je me mêlais sur un tréteau
Aux diseurs de paroles vaines,

Si je devenais comme eux tous
Un bouffon que la Muse évite,
Accourez alors, hâtez-vous,
Cher docteur, guérissez-moi vite !

Juin 1867.

Le bon Critique

Au-dessous d'Eisenach, dans la verte oasis
Du château de Wartbourg, en l'an douze cent six,
Le comte palatin Hermann, le fier landgrave
De Thuringe et de Hesse, ayant fort bonne cave,
Réunit près de lui quatre beaux chevaliers
Poëtes, honorant ses murs hospitaliers,
Chanteurs de noble sang, qu'en tous lieux accompagne
La louange, fameux dans les cours d'Allemagne ;
C'étaient Walther von der Vogelweide, Reinhart
De Zwetzen, dès l'enfance illustre dans son art,
Wolfram d'Eschenbach, puis ce gentilhomme insigne
Henri Schreiber, un aigle avec la voix d'un cygne.
 Ces bons seigneurs, sans nul souci malencontreux,
S'accordaient à merveille et vivaient bien entre eux ;
Ainsi que des oiseaux chanteurs se désaltèrent
Dans le même ruisseau limpide, ils supportèrent,
Sans se croire offensés par la comparaison,
Qu'un jeune homme, officier obscur de la maison

Du landgrave, nommé Bitterolf, osât même
S'essayer après eux dans maint et maint poëme;
Mais alors que Henri d'Osterdingen, bourgeois
D'Eisenach, vint parmi tous ces cousins de rois
Chanter aussi devant le comte Hermann, l'orage
Éclata; leur colère alla jusqu'à la rage,
Et parfois leurs couteaux brillèrent dans le val.
Or, n'ayant pu chasser ni tuer leur rival
Qui brillait auprès d'eux comme une fleur dans l'herbe,
Ils lui firent l'honneur de ce défi superbe :
Luttons, lui dirent-ils, une fois tous les six;
Et qu'ensuite, pour prix, la duchesse offre un lys
Au vainqueur; mais qu'aussi, tenant en main sa corde,
Le bourreau soit présent, et sans miséricorde
Qu'il pende, balancé dans l'azur enchanté,
Celui qui devant tous n'aura pas bien chanté.

   Henri d'Osterdingen les avait laissés dire;
Il accepta leur offre avec un beau sourire
Et le combat eut lieu devant toute la cour.
Les habiles rhythmeurs s'enflammaient; tour à tour
Ils chantèrent l'orgueil de leurs princes, l'empire
De la Croix, Dieu clément pour tout ce qui respire,
Les mystères cachés dans la Tour de Sion;
Comment au Ciel, après la résurrection,
Le corps pur et sans tache à l'Ame se marie,
Les Anges, et surtout les gloires de Marie
Qui tient, victorieuse, entre ses doigts vermeils,
Des lys dont la splendeur efface les soleils.

L'air était plein de chants comme un ciel qui s'embrase ;
Les princesses, les ducs ravis, pâles d'extase,
Souriaient, cependant que l'honnête bourreau
Écoutait, rassemblant ses muscles de taureau,
Et d'un œil exalté, comme un Grec des vieux âges,
Approuvait les beaux mots et les fières images
Et les coups d'aile en plein éther ; mais quand le vol
Du poëte, alangui, venait raser le sol
Avec lequel jamais un oiseau ne s'accorde,
Ce critique ingénu, levant en l'air sa corde,
Semblait dire : Je crois que voici le moment.
  Oh ! souvent, cœur naïf, quand si violemment
Nous meurtrissons le vers qui boite, et sans mesure
Quand nous violentons le mètre et la césure
Comme un vent furieux tourmente l'eau d'un lac,
Je pense à toi, brave homme, ô bourreau d'Eisenach !

    Juin 1875.

A la Jeunesse

PROLOGUE POUR « LA VIE DE BOHÊME »

AU THÉATRE DE L'ODÉON

Mesdames et messieurs, nous vous donnons La Vie
De Bohême, une pièce où le rire et les pleurs
Se mêlent, comme aux champs, où notre âme est ravie,
Les larmes du matin brillent parmi les fleurs.

Pour dire ce refrain des amours éternelles,
Deux amis, ô douleur! séparés aujourd'hui,
Naguères unissaient leurs deux voix fraternelles :
Puisque l'un d'eux s'est tû, ne parlons que de lui.

Murger, esprit ailé, poëte ivre d'aurore,
Pour Muse eut cette sœur divine du Printemps,
La Jeunesse, pour qui les roses vont éclore,
Et pour devise il eut ces mots sacrés : Vingt ans!

C'est pourquoi, tout heureux de se regarder vivre,
Toujours les jeunes cœurs de vingt ans aimeront
Ces filles du matin qui passent dans son livre
Et meurent sans avoir de rides sur leur front.

Qui ne les adora, ces fleurs de son poëme?
Qui de nous, qui de nous, ô rêveuse Mimi
Enamourée encor sous le frisson suprême,
N'a dans un rêve ardent baisé ton front blêmi?

Et toi, Musette, reine insoucieuse et folle,
Qui n'a cherché tes yeux, qui n'a redit ton nom?
Qui sur ta lèvre ouverte au vent, rose corolle,
Ne retrouve à la fois Juliette et Manon?

Oui, tant qu'un vin pourpré frémira dans nos verres,
Ces fillettes vivront, couple frais et vermeil.
Pourquoi? c'est qu'elles ont l'âge des primevères
Et l'actualité du rayon de soleil.

Le livre un soir devint une pièce applaudie
Et même fit fureur autant qu'un opéra.
Le miracle nouveau de cette comédie,
Ce fut qu'en l'entendant l'on rit et l'on pleura.

On s'étonnait surtout qu'en des scènes rapides
L'esprit, versant la joie et l'éblouissement
Avec son carillon de notes d'or splendides,
Pût laisser tant de place à l'attendrissement.

Puis l'œuvre, que le temps jaloux n'a pas meurtrie,
De théâtre en théâtre a suivi son destin,
Mais elle trouve enfin sa réelle patrie
En abordant ce soir au vieux Pays Latin !

O vous en qui sourit l'avenir de la France !
O jeunes gens, MURGER calme, vaillant et doux,
Nous versait en pleurant le vin de l'espérance :
Où serait-il compris si ce n'est parmi vous ?

Il fut des vôtres, car il eut le fier délire
Du noble dévouement et des belles chansons,
Et je devine bien que vous allez lui dire :
Reste avec nous. C'est bien. Nous te reconnaissons.

Il fut de votre race, ô nation choisie !
Il se donnait à vous qui, malgré les moqueurs,
Ne déserterez pas la sainte Poésie,
Et dont la soif de l'or n'a pas séché les cœurs !

Comme sa comédie où, voilé de tristesse,
Murmure sous les cieux le rire aérien,
Est à vous, bataillon sacré de la jeunesse,
Nous vous la rapportons. Reprenez votre bien !

Le poëte pensif qui vous donna LA VIE
DE BOHÈME, adora dans ses rêves d'azur
La gloire, cette amante ardemment poursuivie,
Et toujours se garda pour elle honnête et pur.

Ses héros sont parfois mal avec la fortune :
Vous les voyez soupant au milieu des hivers
D'un sonnet romantique ou bien d'un clair de lune,
Mais fidèles, mais vrais, mais indomptés, mais fiers !

Leurs châteaux éclatants, faits d'un rêve féerique,
N'ont encore été vus par nul historien,
Et sont bâtis dans une Espagne chimérique,
Mais enferment l'honneur, sans lequel tout n'est rien.

Vous recevrez chez vous ces hôtes en liesse,
Comme des voyageurs qui parlent d'un ami.
Oui, vous applaudirez et l'esprit de la pièce
Et votre doux Murger, à présent endormi !

Et vos regrets amers pour ce jeune poëte
Emporté loin de nous par un vent meurtrier
A sa lyre à présent détendue et muette
Ne refuseront pas quelques brins de laurier !

Car vous êtes de ceux dont la pitié profonde
Garde les verts rameaux qui croissent sous le ciel
Pour les penseurs trop vite exilés de ce monde
Et pour ce que les morts nous laissent d'immortel !

  30 décembre 1865.

Le Théâtre

A JULES BONNASSIES

Lorsque j'entends ces mots magiques : LE THÉÂTRE,
Un univers diffus, charmant, plus varié
Que la vie, effrayant, gracieux et folâtre,
M'apparaît, aux splendeurs des rayons marié.

Ce sont les vendangeurs de la joyeuse Attique,
Couronnés de feuillage, ivres des plus doux vins,
Aux quatre vents du ciel jetant l'ode emphatique ;
C'est Eschyle au front nu, menant les chœurs divins ;

Ce sont les demi-dieux, les chanteurs, les génies
Livrant au destin sombre, avec leur plaie au flanc,
Les Orestes plaintifs et les Iphigénies,
Et les Œdipes fous aveuglés par le sang ;

C'est cet archer vainqueur de la foule profane,
Sachant faire obéir la flûte de roseau
Et la lyre, le vers du sage Aristophane,
Célébrant la fierté superbe de l'Oiseau.

C'est le grand créateur mystérieux, Shakspere
S'élançant comme un Dieu par son hardi chemin,
Animant la forêt qui parle et qui respire,
Et de ses doigts rêveurs pétrissant l'être humain;

C'est le Crime, l'Erreur, la Fureur, la Folie;
C'est Lear, dont l'ouragan fait voler le manteau,
C'est Hamlet se roulant sous les pieds d'Ophélie;
Ce sont les Rois jaloux aiguisant leur couteau;

C'est, doux cygne éploré, la pâle Desdémone,
C'est Imogène errant sous les chênes profonds,
Et c'est Titania, pareille à l'anémone,
Baisant le front de l'âne avec des cris bouffons;

C'est Orlando semant les diamants de l'Inde
Et les perles d'Ophir en sa folle chanson,
Et tressant des sonnets fleuris pour Rosalinde,
Cette capricieuse, habillée en garçon.

C'est tout le peuple étrange, à son rêve docile
Et brillant des rubis célestes du matin,
Que Molière amena de la verte Sicile,
Et que sa fantaisie a vêtu de satin!

Étalant son manteau comme les paons leurs queues,
Et versant la folie en sa coupe où je bois,
C'est Scapin, blanc de neige, orné de quilles bleues,
Avec sa barbe folle et son poignard de bois;

Isabelles, Agnès, ce sont les jeunes filles
Dont Valère chérit les fronts délicieux ;
C'est Zerbinette ; c'est le roi des Mascarilles
Faisant tourbillonner sa pourpre vers les cieux ;

Ce sont les Ægipans, les Nymphes, les Déesses,
Les Turcs, les Espagnols, les Poitevins dansants
Que le Songeur, suivi d'ombres enchanteresses,
Évoque aux pieds du roi LOUIS, ivre d'encens ;

C'est Tartuffe, essayant les poisons qu'il mélange ;
C'est don Juan que meurtrit le Désir, ce vautour,
Et qui sur sa paupière et sur son front d'archange
Laisse voir la brûlure affreuse de l'amour.

C'est Regnard, plein d'ivresse, avec son *Légataire*,
Et Lisette et Crispin, vêtu du noir manteau ;
C'est Marivaux pensif, embarquant pour Cythère
Dorante et Sylvia, costumés par Wateau ;

C'est Talma, dans Néron, gardant sa noble pose,
Laissant rugir sa mère et, calme sous l'affront,
Jouant avec un bout de son écharpe rose ;
C'est Mars au beau sourire, avec sa rose au front ;

Puis c'est le Drame, avec son extase féerique,
Ressuscité, rayant les cieux de son grand vol
Et planant à la voix du Poëte lyrique ;
C'est Marion de Lorme, et Blanche et doña Sol ;

C'est le vieux Job chargé d'attentats et de gloire ;
C'est Tisbe menaçant par la voix de Dorval ;
C'est Ruy Blas déchirant sa pourpre dérisoire,
Et le vieux Frédérick, demeuré sans rival.

Puis Esther murmurant ses plaintes sous le cèdre,
Jeanne d'Arc inspirée invoquant saint Michel,
Pauline s'élançant vers Dieu, Camille, Phèdre,
C'est l'éblouissement tragique, c'est Rachel !

Elle est, courant, la haine au front, sur le rivage,
Hermione, mêlant sa plainte au flot moqueur ;
Elle est Chimène, ayant en sa fierté sauvage
Une goutte de sang de taureau dans le cœur.

C'est Musset, toujours beau de sa douleur insigne,
Brodant de perles d'or quelque vieux fabliau,
Par la voix des acteurs disant un chant de cygne,
Et versant sur nos mains les pleurs de Célio ;

C'est le sombre Antony poignardant son Adèle ;
C'est toi qui meurs si jeune et qui t'humilias,
Amante, courtisane au front chaste et fidèle,
Marguerite, portant les blancs camellias !

C'est Jocrisse, ingénu comme une fille, et rouge
Comme un coquelicot dans les blés de Cérès,
Et que, pour nous ravir, tant notre horizon bouge,
Font si spirituel Arnal et Gil Pérès ;

C'est le grand Bilboquet dans son carrick noisette,
Ou montrant le pourpoint du *farouche Espagnol*,
Et jouant de son nez comme d'une musette;
C'est Prudhomme, rayant l'azur avec son col;

Enfin c'est, tout souillé par les fanges nocturnes
Et tournant dans ses doigts son lorgnon radieux,
Robert Macaire avec ses souliers à cothurnes
Et son pantalon fait de la pourpre des Dieux!

Et sur cette mêlée étrange et surhumaine,
Près des astres d'argent montrant leurs pieds nacrés,
Les sœurs aux belles voix, Thalie et Melpomène,
Planent dans la splendeur des vastes cieux sacrés,

Celle-ci, furieuse et montant la Chimère,
Et celle-là, Pégase au regard meurtrier;
L'une jetant des fleurs sur les pieds nus d'Homère
Et l'autre couronnant Rabelais du laurier!

Décembre 1874.

A Eugène Delacroix

STROPHES DITES PAR MOUNET-SULLY
POUR L'INAUGURATION DU MONUMENT ÉLEVÉ
A EUGÈNE DELACROIX

O Delacroix ! songeur, poëte, âme, génie !
Magicien vibrant d'orgueil et de courroux,
Calme, fier, évoqué de la nuit infinie,
Peintre de l'idéal, te voici devant nous !

Tes mains ont loin de toi rejeté le suaire,
Et toi, le conquérant, jadis persécuté,
Grâce à la piété du hardi statuaire,
Te voici, tu renais pour l'immortalité.

Terre et cieux, tu prends tout dans ton vaste domaine,
Et si la clarté brille en ton œil enchanté,
C'est que tu te donnas à la souffrance humaine.
Le poëme divin, c'est toi qui l'as chanté.

Massacres, guerre, amour, fragilité, démence,
Tu peignis tout, le sang pourpré comme les fleurs,
Et l'enfer et l'azur, et dans ton œuvre immense
L'héroïque Pitié lave tout de ses pleurs!

Ah! l'avenir, le grand avenir magnanime,
Est pour celui qui porte une plaie à son flanc
Et qui ne peut pas voir un condamné sublime
Sans laver ce martyr avec son propre sang.

Il vivra, celui-là qui jette, comme Orphée,
Une plainte que rien ne saurait apaiser,
Et qui, domptant d'abord sa colère étouffée.
Pose sur chaque plaie un fraternel baiser.

O peintre! la couleur sereine est une lyre;
Elle dit le triomphe à l'aurore pareil,
Et l'épopée au glaive ardent, et le délire
Du beau qui resplendit comme un rouge soleil.

O Delacroix! parmi les pages qu'illumine
Ton âme, il en est une où, furieux encor,
Apollon, clair vainqueur de la nuit, extermine
Les monstres des marais avec ses flèches d'or.

Haine, ignorance, erreur, tous les bourreaux de l'âme,
Les mensonges avec les trahisons rampants,
Le dieu tue et détruit, s'envolant dans la flamme,
Tout ce tas de crapauds hideux et de serpents.

Ce dieu, c'est toi, vivant dans la clarté première,
Chassant l'obscurité détestable qui nuit,
O toi qui t'enivras de la pure lumière
Et qui n'eus jamais d'autre ennemi que la nuit.

Mais tu peignis aussi, pur en ses chastes lignes,
Caressé par la brise et par le doux écho,
Un jardin où parmi les lauriers et les cygnes
Retentissent les vers d'Homère et de Sapho.

C'est là que, maintenant, rassasié de gloire,
Tu contemples, superbe et d'un regard vainqueur,
Les bosquets verdoyants et le temple d'ivoire
A côté de Hugo, cet Eschyle au grand cœur.

Le statuaire, en qui l'espérance tressaille,
A modelé pour nous ce beau front sérieux,
Ta lèvre au pli songeur, tes cheveux en broussaille,
Et sous tes fiers sourcils tes yeux mystérieux.

Et nous te saluons d'une ardente louange,
O toi qui fus ému, grand homme, et qui pleuras,
O traducteur du verbe égal à Michel-Ange,
Qui pris le feu du ciel et qui t'en emparas!

Maintenant que ton œuvre austère et magnifique
Brille dans la lumière et l'éblouissement,
Et que, dans la verdure et l'ombre pacifique,
Un flot mélodieux baigne ton monument,

Notre Apelle triomphe ainsi que notre Homère,
Et, tressant pour ton front des lauriers toujours verts,
Cette fille d'Hellas, ta nourrice et ta mère,
La France avec orgueil te donne à l'univers.

5 octobre 1890.

L'Ame victorieuse du Désir

Le dieu Désir, l'archer sauvage
Qui rit, sur un gouffre penché,
A longtemps dans un dur servage
Tenu la tremblante Psyché.

Bien longtemps il l'a torturée,
Piquant son sein charmant et beau
Avec une flèche acérée,
Ou la brûlant de son flambeau.

La traînant dans l'herbe fleurie,
Folle sous son bras souverain,
Il l'a déchirée et meurtrie
Avec de durs liens d'airain.

Encor rouge de sa brûlure,
O noirs crimes inexpiés,
En marchant sur sa chevelure,
Il l'a longtemps foulée aux pieds,

Et puis mourante, échevelée,
Plus pâle que le nénufar,
Il l'a, dans sa rage, attelée
Comme une cavale, à son char;

Et devant lui, de cette vierge
Faisant sa proie et son jouet,
Au bord du fleuve, sur la berge
Il l'a chassée à coups de fouet.

Et vainement l'humble victime,
Dans ses horribles désespoirs,
Adjurait le grand mont sublime
Et les bois frissonnants et noirs;

La Nature, que rien ne touche,
Parmi les rochers arrogants
La regardait passer, farouche,
Dans les cris et les ouragans.

Et le vent courait dans les chênes,
Et l'imprécation des flots
Étouffait le bruit de ses chaînes
Et la rumeur de ses sanglots.

Mais, longtemps mordue et fouettée
Par les souffles éoliens,
Psyché s'est enfin révoltée,
Elle a brisé ses durs liens;

Et trouvant une force étrange
Pour l'arrêter et le saisir,
Elle a renversé dans la fange
Et terrassé le dieu Désir;

Tordant sa bouche purpurine,
Elle a, d'un beau geste moqueur,
Broyé du genou la poitrine
De son implacable vainqueur;

Et dans sa fureur vengeresse
Elle a, guerrière au doux œil bleu,
Fustigé de sa blonde tresse
Le visage du jeune Dieu.

Relevant son front misérable,
Elle a, riant au ciel serein,
Brisé l'arc fait en bois d'érable,
Et les flèches, lourdes d'airain.

Puis, fière en sa métamorphose
Qui semble un éblouissement,
Elle a, sous son divin pied rose,
Éteint le noir flambeau fumant.

Et maintenant le Dieu l'adore!
Lui, le cruel Désir, touché
Par la grâce qui la décore,
Il suit la trace de Psyché.

Il lui dit : O ma jeune amante !
O mon trésor ! O mon seul bien !
Parle-moi de ta voix charmante,
Je t'obéirai comme un chien.

Tes colères seront mes fêtes ;
Laisse-moi te parer de fleurs.
Ces blessures que je t'ai faites,
Je les laverai de mes pleurs.

Tu m'as dompté, vierge farouche,
Comme je domptais les lions.
Ouvre les roses de ta bouche :
Parle ! où veux-tu que nous allions ?

Alors, oubliant ses désastres,
Tournant ses yeux de diamant
Vers l'azur où brillent les astres,
Psyché lui dit : O mon amant !

Puisque nos regards se dessillent,
Traversons l'éther irrité ;
Allons jusqu'au séjour où brillent
La Justice et la Vérité ;

Où l'Être enfin se rassasie,
Délivré des âpres douleurs,
Où les Dieux goûtent l'ambroisie
En contemplant de rouges fleurs,

Et savent ce que l'âme ignore,
Et dans un ineffable jour
Sans crépuscule et sans aurore,
S'enivrent de l'immense amour!

Elle dit, et le Dieu l'embrasse;
Il la tient d'un bras ferme et sûr,
Et tous les deux, laissant leur trace
Lumineuse au subtil azur,

Cherchant, par delà les étoiles,
Le clair Éden où, pour l'esprit
Enfin délivré de ses voiles,
L'extase, ainsi qu'un lys, fleurit,

Et le flot où l'Ame se noie
Dans le bonheur essentiel,
Ils s'envolent, pâles de joie,
Jusqu'au fond des gouffres du ciel.

19 mai 1875.

L'Apothéose de Ronsard

Prince des Poëtes français

A PROSPER BLANCHEMAIN
LE VIEUX ÉDITEUR DE RONSARD

O mon RONSARD, ô maître
Victorieux du mètre,
O sublime échanson
    De la chanson !

Divin porteur de lyre,
Que voulurent élire
Pour goûter leurs douceurs
    Les chastes Sœurs !

Toi qui, nouveau Pindare,
De l'art savant et rare
De Phœbos Cynthien
    Faisant le tien,

A l'ivresse physique
De ta folle musique
Sagement as mêlé
   Le rhythme ailé!

Père! que ma louange
Te célèbre et te venge,
Et, comme vers mon Roi,
   Monte vers toi!

Mais que dis-je? l'Envie
Qui déchira ta vie
Ne mord plus de bon cœur
   Ton pied vainqueur,

Et, nette de souillure,
Ta belle gloire pure
Va d'un nouvel essor
   Aux astres d'or.

Ton nom deux fois illustre
A retrouvé son lustre,
Comme il l'avait jadis
   Au temps des lys,

Et toi, dans l'aube rose
De ton apothéose
Tu marches, l'œil en feu,
   Ainsi qu'un Dieu.

Tenant ton luth d'ivoire,
Près d'une douce Loire
A la berceuse voix,
 Je te revois

Dans un jardin féerique,
Où le troupeau lyrique
Enchante de tes vers
 Les bosquets verts.

Là, Du Bellay t'honore,
Et je retrouve encore
Près de cette belle eau
 Remy Belleau

Et Pontus et Jodelle
Et Dorat, ton fidèle,
Et ce chanteur naïf,
 Le vieux Baïf.

Avec eux, ces Déesses,
Les hautaines Princesses
Du sang pur des Valois,
 Suivent tes lois

Et servent ton Hélène
A la suave haleine,
De qui la lèvre leur
 Semble une fleur,

Et Cassandre, et Marie
Qui, rêveuse, marie
La rose dans sa main
    Au blanc jasmin.

Mais Vénus parmi l'herbe
Est aussi là, superbe ;
Les fleurs, pour la parer,
    Laissent errer

Leurs ombres sur sa joue ;
Quelquefois elle joue
Avec l'arc triomphant
    De son enfant.

Et les saintes pucelles,
Qui mêlent d'étincelles
Et de feux adorés
    Leurs crins dorés,

Levant leurs bras d'albâtre,
Vous suivent, chœur folâtre
De votre voix épris,
    Dans ces pourpris.

Mais voici que tu chantes !
Et tes strophes touchantes
Déroulent leurs accords
    Divins ; alors,

Ronsard, tout fait silence :
La fleur qui se balance,
Le ruisseau clair, l'oiseau
    Et le roseau ;

Le Fleuve à la voix rauque,
Montrant sa barbe glauque,
Fait taire les sanglots
    De ses grands flots ;

Dans les cieux qui te fêtent
Les étoiles s'arrêtent
Et suspendent les airs
    De leurs concerts ;

On n'entend que ton Ode,
Qu'après toi, dans le mode
Ancien, le chœur ravi
    Chante à l'envi.

Et chacun s'en récrée,
Hélène, Cythérée,
Déesses de la cour,
    Enfant Amour,

Muses aux belles bouches ;
Et les astres farouches
Restent silencieux
    Au front des cieux.

Avril 1868.

RONDELS

Juillet 1875

A ARMAND SILVESTRE

ACCEPTEZ, mon cher ami, la dédicace de ces Rondels, et puissent-ils vous rendre un peu du plaisir que m'ont donné vos poëmes, si brillants de la glorieuse extase de l'amour. J'essaie encore une fois de ressusciter, après le Triolet et la Ballade, un de nos vieux rhythmes français, dont l'harmonie et dont la symétrie sont charmantes. Des rhythmes, n'en invente pas qui veut ; mais c'est quelque chose peut-être que de tirer de l'oubli quelques-uns de ceux que nos aïeux nous ont laissés en bloc, comme un tas de pierreries enfermées dans un coffre, que le féroce XVIIe siècle a failli jeter à l'eau avec tout ce qui était dedans, sans autre forme de procès.

Le gracieux poëme que voici a le mérite encore d'éveiller l'image d'un rimeur qui, quoique prince par-dessus le marché, fut malheureux comme tous ses confrères, et dont le cri mélancolique : Je suis cellui au cueur vestu de noir, *doit retentir dans votre âme. Il a, mon ami, de quoi nous faire songer, vous et moi, car, tandis qu'il évoquera en vous le souvenir de Beaulté morte en droicte fleur de jeunesse, il m'engagera à me souvenir, comme c'est à présent mon devoir, de* Ung vieil homme, lequel Aage s'appelle.

THÉODORE DE BANVILLE.

Paris, le samedi 10 juillet 1875.

RONDELS
COMPOSÉS A LA MANIÈRE
DE
CHARLES D'ORLÉANS
POÈTE ET PRINCE FRANÇAIS
Père de Louis XII, oncle de François Ier

Rivière, fontaine et ruisseau
Portent en livrée jolie
Gouttes d'argent d'orfaverie;
Chascun s'abille de nouveau,
Le Temps a laissié son manteau.

CHARLES D'ORLÉANS, *Rondel*.

RONDELS

I

Le Jour

Tout est ravi quand vient le Jour
Dans les cieux flamboyants d'aurore,
Sur la terre en fleur qu'il décore
La joie immense est de retour.

Les feuillages au pur contour
Ont un bruissement sonore ;
Tout est ravi quand vient le Jour
Dans les cieux flamboyants d'aurore.

La chaumière comme la tour
Dans la lumière se colore,
L'eau murmure, la fleur adore,
Les oiseaux chantent, fous d'amour.
Tout est ravi quand vient le Jour.

II

La Nuit

Nous bénissons la douce Nuit,
Dont le frais baiser nous délivre.
Sous ses voiles on se sent vivre
Sans inquiétude et sans bruit.

Le souci dévorant s'enfuit,
Le parfum de l'air nous enivre ;
Nous bénissons la douce Nuit,
Dont le frais baiser nous délivre.

Pâle songeur qu'un Dieu poursuit,
Repose-toi, ferme ton livre.
Dans les cieux blancs comme du givre
Un flot d'astres frissonne et luit,
Nous bénissons la douce Nuit.

III

Le Printemps

Te voilà, rire du Printemps!
Les thyrses des lilas fleurissent.
Les amantes qui te chérissent
Délivrent leurs cheveux flottants.

Sous les rayons d'or éclatants
Les anciens lierres se flétrissent.
Te voilà, rire du Printemps!
Les thyrses des lilas fleurissent.

Couchons-nous au bord des étangs,
Que nos maux amers se guérissent!
Mille espoirs fabuleux nourrissent
Nos cœurs gonflés et palpitants.
Te voilà, rire du Printemps!

IV

L'Été

Il brille, le sauvage Été,
La poitrine pleine de roses.
Il brûle tout, hommes et choses,
Dans sa placide cruauté.

Il met le désir effronté
Sur les jeunes lèvres décloses ;
Il brille, le sauvage Été,
La poitrine pleine de roses.

Roi superbe, il plane irrité
Dans des splendeurs d'apothéoses
Sur les horizons grandioses ;
Fauve dans la blanche clarté,
Il brille, le sauvage Été.

V

L'Automne

Sois le bienvenu, rouge Automne,
Accours dans ton riche appareil,
Embrase le coteau vermeil
Que la vigne pare et festonne.

Père, tu rempliras la tonne
Qui nous verse le doux sommeil;
Sois le bienvenu, rouge Automne,
Accours dans ton riche appareil.

Déjà la Nymphe qui s'étonne,
Blanche de la nuque à l'orteil,
Rit aux chants ivres de soleil
Que le gai vendangeur entonne.
Sois le bienvenu, rouge Automne.

VI

L'Hiver

Au bois de Boulogne, l'Hiver,
La terre a son manteau de neige.
Mille Iris, qui tendent leur piége,
Y passent comme un vif éclair.

Toutes, sous le ciel gris et clair,
Nous chantent le même solfège;
Au bois de Boulogne, l'Hiver,
La terre a son manteau de neige.

Toutes les blancheurs de la chair
Y passent, radieux cortège;
Les Antiopes de Corrège
S'habillent de martre et de vair
Au bois de Boulogne, l'Hiver.

VII

L'Eau

Jeanne en riant marchait dans l'Eau,
Baignant au flot sa jambe nue.
Sur cette blancheur inconnue
Frissonnait l'ombre d'un bouleau.

L'alouette par un solo
Vint célébrer sa bienvenue;
Jeanne en riant marchait dans l'Eau,
Baignant au flot sa jambe nue.

Lorsque sur le front d'Apollo
Se déchirait soudain la nue,
Elle folâtrait, l'ingénue,
O gracieux et clair tableau!
Jeanne en riant marchait dans l'Eau.

VIII

Le Feu

J'ai fait allumer un grand Feu,
Tout est clos, fenêtre et volets.
Je veux lire; viens, Rabelais;
Ce temps-ci m'intéresse peu.

La flamme de rose et de bleu
Teint ma chambre, comme un palais;
J'ai fait allumer un grand Feu,
Tout est clos, fenêtre et volets.

Foin des gens qui parlent hébreu,
Foin des songeurs tristes et laids!
O géant qui les immolais,
Causons, parle-moi, demi-dieu.
J'ai fait allumer un grand Feu.

IX

La Terre

Soumets la Terre,
Les fleurs, les bois,
Lyre! à ta voix,
A ton mystère.

Que rien n'altère
Les saintes lois;
Soumets la Terre,
Les fleurs, les bois.

Dompte Cythère!
Charme à la fois
Le lys des rois
Et la panthère,
Soumets la Terre!

X

L'Air

Dans l'Air s'en vont les ailes,
Par le vent caressées;
Mes errantes pensées
S'envolent avec elles.

Aux cieux pleins d'étincelles,
Vers la nue élancées,
Dans l'Air s'en vont les ailes,
Par le vent caressées.

Vers des terres nouvelles,
Sur les rayons bercées,
Vous fuyez, dispersées,
O blanches colombelles;
Dans l'Air s'en vont les ailes!

XI

Le Matin

Lorsque s'éveille le Matin
Au Luxembourg encor désert,
En chantant dans le gazon vert
Les oiselets font leur festin.

Les feuilles sont comme un satin
Des larmes de la nuit couvert,
Lorsque s'éveille le Matin
Au Luxembourg encor désert.

Le moineau du quartier Latin,
Pour qui se donne le concert,
A des miettes pour son dessert,
Et folâtre comme un lutin
Lorsque s'éveille le Matin.

XII

Le Midi

Je vais voir, quand il est Midi,
Les estampes du quai Voltaire,
Fragonard qui ne peut se taire,
Et Boucher toujours étourdi.

Debucourt est fort applaudi,
Boilly plaît au célibataire ;
Je vais voir, quand il est Midi,
Les estampes du quai Voltaire.

Mais Wateau, nautonier hardi,
C'est toi surtout, cœur solitaire,
C'est toi qu'en la triste Cythère
Où ton soleil a resplendi,
Je vais voir, quand il est Midi.

XIII

Le Soir

On cause, chez Victor Hugo,
Sans redouter nul pianiste.
Tout flûtiste ou violoniste
Est reçu là comme Iago.

Vint-il de Siam ou du Congo,
Pas d'accueil pour le symphoniste ;
On cause, chez Victor Hugo,
Sans redouter nul pianiste.

A d'autres *La Reine Indigo*,
Ce chef-d'œuvre d'un harmoniste,
Même *Le Petit Ébéniste*,
Vous aussi, *Donna del Lago* :
On cause, chez Victor Hugo.

XIV

La Pêche

Le pêcheur, vidant ses filets,
Voit les poissons d'or de la Loire
Glacés d'argent sur leur nageoire
Et mieux vêtus que des varlets.

Teints encor des ardents reflets
Du soleil ou du flot de moire,
Le pêcheur, vidant ses filets,
Voit les poissons d'or de la Loire.

Les beaux captifs, admirez-les !
Ils brillent sur la terre noire,
Glorifiant de sa victoire,
Jaunes, pourprés et violets,
Le pêcheur vidant ses filets.

XV

La Chasse

Les cris des chiens, les voix du cor
Sonnent dans les bois de Ferrières;
L'écho de ces rumeurs guerrières
Épouvante le frais décor.

Les habits d'écarlate et d'or
Resplendissent dans les clairières;
Les cris des chiens, les voix du cor
Sonnent dans les bois de Ferrières.

Les meutes ont pris leur essor,
Et le cerf dans les fondrières
Fuit, sentant leurs dents meurtrières;
Mais partout il retrouve encor
Les cris des chiens, les voix du cor.

XVI

Le Thé

Miss Ellen, versez-moi le Thé
Dans la belle tasse chinoise,
Où des poissons d'or cherchent noise
Au monstre rose épouvanté.

J'aime la folle cruauté
Des chimères qu'on apprivoise :
Miss Ellen, versez-moi le Thé
Dans la belle tasse chinoise.

Là sous un ciel rouge irrité,
Une dame fière et sournoise
Montre en ses longs yeux de turquoise
L'extase et la naïveté :
Miss Ellen, versez-moi le Thé.

XVII

Le Café

Ce bon élixir, le Café
Met dans nos cœurs sa flamme noire ;
Grâce à lui, fier de sa victoire,
L'esprit subtil a triomphé.

Faux Lignon que chantait d'Urfé,
Tu ne nous en fais plus accroire ;
Ce bon élixir, le Café
Met dans nos cœurs sa flamme noire.

Ne faisons qu'un autodafé
Des vieux mensonges de l'Histoire ;
Et mêlons, sans peur du grimoire,
A notre vieux sang réchauffé,
Ce bon élixir, le Café.

XVIII

Le Vin

Dans la pourpre de ce vieux Vin
Une étincelle d'or éclate ;
Un rayon de flamme écarlate
Brûle en son flot sombre et divin.

Comme dans l'œil d'un vieux Sylvain
Qu'une Nymphe caresse et flatte,
Dans la pourpre de ce vieux Vin
Une étincelle d'or éclate.

Il ne coulera pas en vain !
A le voir mon cœur se dilate.
Il n'est pas de ceux qu'on frelate.
Et je lirai comme un devin
Dans la pourpre de ce vieux Vin.

XIX

Les Étoiles

Les cieux resplendissants d'Étoiles
Aux radieux frissonnements,
Ressemblent à des flots dormants
Que sillonnent de blanches voiles.

Quand l'azur déchire ses voiles,
Nous voyons les bleus firmaments,
Les cieux resplendissants d'Étoiles
Aux radieux frissonnements.

Quel peintre mettra sur ses toiles,
O Dieu! ces clairs fourmillements,
Ces fournaises de diamants
Qu'à mes yeux ravis tu dévoiles,
Les cieux resplendissants d'Étoiles?

XX

La Lune

Avec ses caprices, la Lune
Est comme une frivole amante;
Elle sourit et se lamente,
Et vous fuit et vous importune.

La nuit, suivez-la sur la dune,
Elle vous raille et vous tourmente;
Avec ses caprices, la Lune
Est comme une frivole amante.

Et souvent elle se met une
Nuée en manière de mante;
Elle est absurde, elle est charmante;
Il faut adorer sans rancune,
Avec ses caprices, la Lune.

XXI

La Paix

La Paix, au milieu des moissons,
Allaite de beaux enfants nus.
A l'entour, des chœurs ingénus
Dansent au doux bruit des chansons.

Le soleil luit dans les buissons,
Et sous les vieux arbres chenus
La Paix, au milieu des moissons,
Allaite de beaux enfants nus.

Les fleurs ont de charmants frissons.
Les travailleurs aux bras charnus,
Hier soldats, sont revenus,
Et tranquilles, nous bénissons
La Paix, au milieu des moissons.

XXII

La Guerre

La Guerre, ivre de sa colère,
Embouche ses clairons sonores;
Terre, déjà tu te colores
De ce sang fumant qu'elle flaire.

L'incendie effrayant l'éclaire,
Comme de rouges météores;
La Guerre, ivre de sa colère,
Embouche ses clairons sonores.

Et pour réclamer leur salaire,
O Dieu! dans les cieux que tu dores,
Les vautours, sous l'œil des aurores,
Suivent de leur vol circulaire
La Guerre, ivre de sa colère!

XXIII

Les Métaux

Les Métaux, les divins Métaux
Que toujours l'homme voit en rêve,
Ornent la couronne ou le glaive
De tous les Péchés capitaux.

L'Orgueil jette sur ses manteaux
Pour cette vie, ô Dieu ! si brève,
Les Métaux, les divins Métaux
Que toujours l'homme voit en rêve.

L'or gémit sous les vils râteaux
Que toujours le banquier soulève,
Et pour parer les filles d'Ève
Nous tourmentons de nos marteaux
Les Métaux, les divins Métaux.

XXIV

Les Pierreries

Les flamboyantes Pierreries
Qui parent les glaives des rois
Et les mors de leurs palefrois,
Brillent dans les rouges tueries.

La foule, amante des féeries,
Admire, en ses humbles effrois,
Les flamboyantes Pierreries
Qui parent les glaives des rois.

Et, dans les louanges nourries,
Les Princesses aux regards froids
Sèment sur leurs corsages droits
Et sur leurs jupes d'or fleuries
Les flamboyantes Pierreries.

LA PERLE

COMÉDIE HÉROÏQUE

17 mai 1877

LES ACTEURS

THÉATRE ITALIEN

CLÉOPATRE. . Mlle Rousseil.
ANTOINE . . . M. Dupont-Vernon.
CHARMION. . . Mlle Martin.

———

La scène est à Alexandrie, dans le palais des Ptolémées, en l'an 40 avant Jésus-Christ.

LA PERLE

Le théâtre représente une chambre carrée, recevant le jour par le reflet de la cour ensoleillée. — Au fond, une porte ornée de deux colonnettes, sur laquelle tombe une tapisserie à personnages. — A droite et à gauche, des baies fermées par des nattes de couleurs variées. — Les parois de la chambre, de couleur lilas tendre, sont divisées en panneaux par des colonnettes très riches, peintes sur le mur. — Dans les panneaux, des ornements, des gerbes de fleurs, des figures d'oiseaux, des damiers de couleurs contrastées, des scènes de la vie intime, coupées de bandes verticales peintes en blanc et couvertes d'hiéroglyphes de toutes couleurs. Dans un coin, à droite, un petit dieu de bronze sur un piédestal de granit rouge, devant lequel est placé un grand vase d'argile peinte, porté sur un trépied de bois, et rempli de fleurs de lotus. — Fauteuil en bois doré, rechampi de rouge, aux pieds bleus, aux bras figurés par des lions, recouvert d'un épais coussin à fond pourpre et quadrillé de noir, dont le bout déborde en volute par-dessus le dossier. — Tabouret de cèdre, à pieds d'animaux peints en bleu. — Au fond, à gauche, sur une table de bronze à trois pieds, un lécythos de verre phénicien et une large coupe d'or.

SCÈNE PREMIÈRE

CLÉOPATRE, CHARMION.

Charmion.

Oui, ma reine, un courrier venu de Sicyone
Cause là-bas avec le noble empereur.

Cléopâtre, irritée et inquiète.

         Donne-
Moi le coup de la mort. — Oui, je sens le danger;
C'est le malheur qui vient avec ce messager.
Mais Antoine, dis-moi, quelle est son attitude?

Charmion.

Il semblait frémissant et plein d'inquiétude.

Cléopâtre.

Hélas! — rappelle-toi bien tout, ma Charmion.

Charmion.

Un éclair flamboyait dans ses yeux de lion, —

Cléopâtre.

Il est proche, l'instant fatal que je redoute !

Charmion.

Et le sang furieux gonflait sa lèvre.

Cléopâtre.

       Écoute.
Va le trouver. S'il est en proie à son ennui,
Si tu vois sur son front la tristesse, dis-lui
Que je danse ; mais s'il est gai, dis-lui bien vite
Que je meurs.

Charmion.

    Vous cherchez les maux que nul n'évite.
Pourquoi le tourmenter ainsi ?

Cléopâtre.

       Va, je sais bien
Ce qu'est leur faible amour, et tu n'y comprends rien.

Charmion.

Antoine vient.

Cléopâtre.

Je vais donc voir s'il me résiste,
Lui !

SCÈNE II

CLÉOPATRE, CHARMION, ANTOINE.

Antoine.

Ma reine...

Cléopâtre.

Seigneur, je suis malade et triste.

Antoine.

J'ai pris avec douleur la résolution
De partir. Le devoir commande.

Cléopâtre.

Charmion,
Aide-moi, je te prie, à sortir. Je succombe.

Antoine.

Quoi ! ma reine, des pleurs dans ces yeux de colombe !
Ah ! laisse-moi calmer ta peine et ton effroi.
Donne-moi cette main.

Cléopâtre, languissante.

Non, reste loin de moi.

Antoine.

Qu'as-tu donc ?

Charmion sort.

SCÈNE III

CLÉOPATRE, ANTOINE.

Cléopâtre, fiévreusement.

Cléopâtre est-elle injuriée
Dans leurs lettres ? Que dit la femme mariée ?
Tu peux partir. Va-t'en comme un époux soumis.
Je voudrais que jamais elle ne t'eût permis

De venir. Après tout, qu'emportes-tu ? Ma vie !
Ce n'est rien. Va trouver ta Romaine.

Antoine, gravement.

Fulvie

Est morte.

Cléopâtre.

Que dis-tu ? Non. Est-ce qu'elle peut
Mourir ! Si ton visage à cette heure s'émeut,
C'est pour quelque chagrin léger qu'un souffle emporte !
Pour Cléopâtre, pour un rien.

Antoine.

Fulvie est morte.

Cléopâtre.

Et tes yeux sont plus secs que le sable vermeil
De nos déserts, brûlé par le fauve soleil !
Ainsi ma mort sera pour toi ce qu'est la sienne.
Tu diras : Ce n'est rien. La noire Égyptienne
Est morte. Voilà tout. Nous aurons eu nos parts
De ton amour !

Antoine.

Ma reine...

Cléopâtre.

Adieu, puisque tu pars.

Antoine.

Écoute-moi. Laissons tout reproche vulgaire.
Si je veux éveiller les clairons de la Guerre,
C'est pour toi. Qu'elle hurle à présent sur son char !
Vois, Fulvie et mon frère ont combattu César :
Penses-tu qu'il remette au fourreau son épée ?
Puis à chaque moment grandit Sextus Pompée ;
Déjà le voilà près de Rome. On voit, hélas !
Ces pirates cruels, Ménécrate et Ménas,
Ensanglanter la mer qui sous leurs vaisseaux ploie.
Si l'on doit partager le monde, cette proie,
J'y veux tailler, du sud jusqu'au septentrion,
Des royaumes pour nous et pour Césarion,
Et pour nos fils en qui revit ton front céleste,
Ptolémée et le doux Alexandre.

Cléopâtre.

Non, reste.
Rome te reprendrait pour toujours, ô mon roi !

Antoine.

Crois-tu qu'elle pourrait me garder loin de toi ?
Si je te quitte un jour, toi que j'aime et qui m'aimes,
C'est pour te rapporter bientôt vingt diadèmes.

Cléopâtre.

Eh bien, puisqu'il le faut, adieu, presse ton pas.
Va-t'en d'un cœur léger ! Ne te retourne pas
Quand je maudis le sort pour ce qu'il me dérobe,
Car je te retiendrais par un pan de ta robe.
Je ne veux plus te voir, ami, qu'à ton retour.

Antoine.

Non. Au départ ma lèvre en feu, pâle d'amour,
Veut baiser cette main qui tient les sceptres. Cesse
Tes rigueurs, mon Isis, ô puissante déesse,
Et laisse-moi puiser la vie à ton œil noir.

Cléopâtre.

Mon cœur se brise. Antoine, adieu.

Antoine.

                            Non. Au revoir.

                                 Antoine sort.

SCÈNE IV

CLÉOPATRE.

Il partirait! Et moi? Moi, je resterais seule
Dans cette affreuse Égypte au sombre front d'aïeule,
Où partout nous entoure, ainsi qu'un vaste mur,
Le ciel farouche, fait d'un implacable azur;
Où d'un air inquiet, ainsi que des molosses,
Veillent d'horribles Dieux et de hideux colosses;
Où les vivants sont pleins de deuil et de remords
Et se plaignent tout bas à l'oreille des morts;
Où les globes ailés, les serpents, les balances
Ne parlent que de morts aux éternels silences;
Où comme en une tombe au couvercle brûlant
Brille l'œil du soleil, toujours rouge et sanglant!
Ah! sans doute avec lui j'aimais l'Égypte noire,
Mieux que la Grèce amie où sont les Dieux d'ivoire
Et les myrtes fleuris et les ruisseaux d'argent!
Mais quoi donc! je verrais son départ outrageant!
Je resterais, moi qui l'adore, abandonnée!
Et cependant à Rome, en moins d'une journée,
Octave et Lépidus, ces cœurs bas et rampants,
Auraient bientôt fait rire Antoine à mes dépens;

Ils sauraient l'enchaîner au gré de leur envie,
Et César lui dirait : J'ai ma sœur Octavie !
J'aurais une rivale encor ! moi dont les fils
Règnent, moi que la terre admire comme Isis,
Et nomme, sous l'éclair que mon regard lui jette,
Délices du soleil et déesse Évergète !
Je ne veux pas. Avant que ce sort odieux
Accable mon amour, je serai morte. O Dieux
De jaspe, qui rêvez, sinistres, sur des trônes !
Célestes éperviers, dont les prunelles jaunes
Ont brûlé mon visage avec leurs flammes d'or,
Je vous adjure ! Et toi, reine, déesse Hâthor
Qui, sans avoir pitié de nos angoisses vaines,
Fais courir le désir déchirant dans nos veines,
Et toi, Phtha, dieu du feu, brûlez, dévorez-moi ;
Mais pour qu'il reste, lui mon héros, lui mon roi,
Mettez la volupté vivante en ma ceinture,
Et changez, s'il le faut, l'ordre de la nature !
Oui, faites un miracle, et que, lui, l'empereur
Reste. Puis, s'il le faut, que, vouée à l'horreur
De supplier, vaincue et seule, je succombe !
Que, vivante, je sois murée en une tombe,
Et que là je caresse, en mon fatal dessein,
Quelque agile serpent qui me morde le sein !
Mais, ô Dieux, laissez-moi le divin fils d'Hercule !
Dieux terribles, ayez pitié de moi, que brûle
De ses traits furieux l'arc enflammé du jour,
Et qui pâlis de rage et qui me meurs d'amour !

Avec une sorte d'extase.

Mais quel rayon subtil frémit dans ma pensée?
Tout mon être tressaille.

Comme frappée d'une commotion soudaine.

      Oui, tu m'as exaucée,
Hâthor, qui m'écoutais dans le bleu firmament!
Je mourrai, mais tu vas me rendre mon amant.

Entre Charmion.

SCÈNE V

CLÉOPATRE, CHARMION.

Cléopâtre.

Ah! c'est toi.

A part.

    Charmion, le seul être qui m'aime!

Haut.

Va dire à l'empereur... Mais non, j'y vais moi-même.
Tu ne saurais pas bien lui parler. Reste ici.

SCÈNE VI

CHARMION.

Elle regarde Cléopâtre qui s'éloigne.

Et pourtant je l'ai vue aimer César ainsi.

Revenant sur le devant de la scène.

Cette reine pareille à l'aurore, et plus brave
Qu'un héros, aime et souffre aussi bien qu'une esclave.
Ayez donc, pour voler jusques aux cieux profonds,
Des chars d'argent et des quadriges de griffons ;
Ayez des perles dont les lueurs sont divines,
Des robes du pays de Sérique, si fines
Qu'elles passeraient dans l'anneau de votre doigt,
Et des pourpres trois fois teintes, ainsi que doit
En posséder Isis ; buvez dans une coupe
Où Myron et Lysippe ont fait vivre le groupe
Des Nymphes ; que les cieux vous regardent marcher,
Pour qu'ensuite l'enfant Éros, le fol archer,
Vous prenne sans façon dans sa nasse dorée,
Tout aussi bien qu'il fait de nous !

Entre Antoine en armure, ayant à son bras Cléopâtre.

SCÈNE VII

CHARMION, ANTOINE, CLÉOPATRE.

Antoine.

      Reine adorée,
Que ne puis-je avec toi demeurer, fût-ce au prix
De ma vie!

Cléopâtre.

Eh bien!...

Antoine.

      Mais j'encourrais ton mépris
Si je calmais le fier désir qui m'aiguillonne.
Reine, tu m'as aimé baisé par la Bellone
Vengeresse, couvert de poussière et de sang,
Vainqueur, ayant le casque au front, l'épée au flanc;
Et si je rêvais, comme un berger de Sicile,
Tu me reprocherais d'avoir été docile,
Car le sang tout fumant sied au bras meurtrier

Du soldat, comme au front du chanteur le laurier.
Quittons-nous donc.

Cléopâtre.

Eh bien ! non. S'il faut que tu partes,
Je te suis. Nous irons vaincre à nous deux les Parthes.
A tes côtés, sans craindre Octave ton rival,
Je marcherai, pressant du genou mon cheval,
Et j'aurai sur mon front, comme Penthésilée,
Le vol éblouissant d'une Chimère ailée !

Antoine.

En cette guerre, proie offerte au noir danger,
Il nous faudra dormir dans les rochers, manger
Des racines parfois, et boire l'eau saumâtre
Des lacs. Ce n'est pas là ta place, Cléopâtre,
Ma bien-aimée !

Cléopâtre.

Ainsi, je ne suis bonne à rien,
Qu'à porter, demi-nue, un voile aérien !
Mais toi, déjà choisi par le combat vorace,
Te voilà rayonnant dans ta rude cuirasse
Que presseraient en vain mes bras martyrisés,
Et sans honte opposant du fer à mes baisers.
Tu sembles Mars lui-même, enflant de son haleine
Des clairons, et poussant les guerriers dans la plaine
Vers la mêlée affreuse et vers les durs assauts,

Ou faisant s'envoler de rapides vaisseaux
Loin du tiède rivage où la vague déferle!

Antoine, amoureusement.

Et Mars chérit Vénus!

Cléopâtre, frappée tout à coup par l'éclat d'une perle
énorme qu'Antoine porte sur son armure et qu'elle
n'a pas encore vue.

Mais quelle est cette perle
Que je vois briller sur ton armure, et qui luit
Comme Phœbé parmi les astres de la nuit?
Rien qu'à voir sa blancheur mon regard s'extasie.

Antoine.

Elle est belle, en effet. Aucun roi de l'Asie
Ne peut la payer; pour l'éclat et la grosseur,
On chercherait en vain dans le monde sa sœur.
Pourtant si je suis sûr qu'une telle merveille
Restera sans rivale et n'a pas sa pareille,
Et qu'avec son éclat frissonnant et riant
On pourrait acheter les trônes d'Orient,
Ce n'est pas pour si peu de chose que j'attache
Un prix inestimable à sa splendeur sans tache.

Cléopâtre, avec curiosité.

Quel est donc ce joyau divin?

Antoine.

      Quand mon aïeul
Bacchus alla jadis conquérir l'Inde, seul
Guerrier, mais au bruit des cymbales effrénées
Emmenant un troupeau de femmes forcenées
Qui, chantant les raisins, livraient aux vents plaintifs
Leurs chevelures d'or ceintes de serpents vifs,
La déesse du Gange aux flots bleus, amoureuse
Du Dieu, lui fit présent de cette perle heureuse,
Talisman qui soumet les flots mélodieux,
Et qui fait obéir la Victoire et les Dieux
Et la tempête, en vain dans les cieux révoltée.

    Cléopâtre, à part.

Qu'entends-je !

Antoine.

      Depuis lors elle est toujours restée
Dans la famille des Antoine. Mes aïeux
Par elle ont toujours vu leurs bras victorieux,
Et son charme inconnu, sur tout ce qui respire
Nous a fait obtenir la victoire et l'empire.
Si quelqu'un me la peut dérober, le destin
Lui promet l'Italie et le monde latin.
Bien plus, je serais son esclave. Il serait maître
De ma volonté, de mon cœur, de tout mon être.

Cléopâtre.

En vérité! De tout ton être!

Antoine.

Oui, reine.

Cléopâtre.

Mais
Qui le peut?

Antoine.

Qui prendra, si je ne le permets,
Cette perle qui vaut l'empire de la terre?

Cléopâtre.

Un homme peut aller dans les bois de Cythère;
Là, surprendre Vénus près d'un ruisseau dormant,
Et dérober à sa ceinture un diamant
De flamme, ou le rubis sanglant, ou la sardoine, —

Antoine.

Mais qui peut arracher sur l'armure d'Antoine
Cette perle qui semble un astre du ciel bleu?

Cléopâtre.

Certes. Pour te la prendre il faut, que sais-je? un dieu!

Antoine.

Si donc un dieu prétend l'avoir, qu'il me la vole!
Des hommes ont parfois tenté ce coup frivole;
Mais moi, jusqu'à présent, j'ai tué les voleurs.

Cléopâtre, à part.

O Reine secourable, Hâthor, qui vois mes pleurs,
Viens, Déesse, il est temps que ton œil me regarde!

Haut, à Antoine.

C'est bien, cher seigneur. Puisqu'il en est ainsi, garde
Ta perle. Je ne la veux plus.

Antoine, surpris.

          Tu la voulais?

Cléopâtre.

Non pas. Que sais-je? Elle eût dans un de mes palais
Brillé comme un soleil, qui de la nuit fatale
Sort, en baignant les cieux d'une clarté d'opale,
Ou peut-être l'aurais-je attachée à mon doigt!
Mais je ne la veux plus, à présent qu'elle doit
Soumettre l'Italie et le Parthe barbare.
Car plus que toi je suis de ton bonheur avare.
Mais seulement, soumise, et mes yeux sur les tiens,
Laisse-moi la tenir et la caresser.

Antoine, détachant la perle de son armure et la donnant à Cléopâtre.

Tiens.

Cléopâtre, admirant la perle, qu'elle tient dans sa main.

Qu'elle est belle ! De sa blancheur suave éprise,
Une lueur frémit dans sa neige et l'irise,
Et, tremblante, se mêle à des reflets d'azur.
Perle céleste ! Elle a raison de briller sur
L'armure d'un héros qui jamais ne recule !

A Charmion.

Toi, verse à l'empereur dans la coupe d'Hercule
Un vin clair !

Charmion remplit la coupe et la donne à Cléopâtre, puis elle sort.

SCÈNE VIII

ANTOINE, CLÉOPATRE.

Cléopâtre.
Tu ne m'as jamais quittée encor

Sans vider jusqu'au fond cette coupe aux flancs d'or,
En invoquant pour moi, devant ton sort courbée,
Tes Dieux latins !

Antoine.

Ma reine...

Cléopâtre, laissant tomber la perle dans la coupe
pleine de vin.

Ah ! la perle est tombée
Dans la coupe ! Elle en fait jaillir des diamants.

Antoine.

Eh bien ! il faut la prendre avec tes doigts charmants.

Cléopâtre.

Oui...

Antoine.

Prends la perle !

Cléopâtre.

Son reflet qui tremble, attire
La clarté. M'aimes-tu ?

Antoine.

Sans doute. Mais retire
La perle !

Cléopâtre.

Oui. Béni soit l'instant cher qui mêla
Nos destins !

Antoine.

Mais la perle enfin, retire-la !

Cléopâtre, avec un feu sombre dans les yeux.

Il n'est plus temps. Ce vin pourpré comme l'aurore,
Qui vient de la Libye, est de flamme ; il dévore,
Brûle tout, et dissout les perles, où le jour
A mis ses purs rayons. Tel l'implacable amour,
Lorsqu'il s'y précipite avec son flot farouche,
Anéantit et brûle en nous tout ce qu'il touche.

Antoine, comme égaré.

Quel nuage soudain passe devant mes yeux ?
Un trouble me saisit, triste et délicieux ;
Je songe, et comme si j'avais bu l'onde noire
Du Léthé, vers la nuit je sens fuir ma mémoire.

Cléopâtre, avec une sauvage amertume.

Pour moi, j'avais dans l'âme ainsi qu'un firmament
Plein d'astres, et l'orgueil fier du commandement,
Des voluptés, des vols d'espérances ailées,
Des chimères ; l'amour les a toutes brûlées !

Maintenant, sous le ciel de ma chute ébloui,
Il ne reste plus rien en moi qui ne soit lui !

Élevant la coupe.

Antoine, à nos amours !

Buvant.

Vois, je mêle à mes veines
Ta perle. Maintenant, fuyez, ô craintes vaines !
Que m'importe si la Victoire devant nous
Glisse et tombe, les reins brisés, sur ses genoux,
Ainsi qu'une cavale effrayée et fourbue ;
On ne me prendra pas ton âme, je l'ai bue !
Oui, j'ai bu ton ardeur, ta bravoure, ta foi,
Ton invincible orgueil qui fait honte à l'effroi,
Ton âme enfin, livrée à mon désir avide !
Tu m'appartiens.

Antoine.

Oui, mais la coupe n'est pas vide !

Par un mouvement soudain, il arrache la coupe des mains de Cléopâtre.

Cléopâtre.

Oh !

Antoine, élevant la coupe.

Cléopâtre, à nos amours !

Il boit.

Plus de souci,
Car si je t'appartiens, tu m'appartiens aussi.

Cléopâtre, à part.

Dieux ! le passé lointain, comme une blanche étoile,
S'évanouit. Je sens mon regard qui se voile ;
J'ai le cœur inondé de joie, et je me meurs.

Antoine.

A présent, défiant le monde et ses rumeurs,
Aimons-nous ! Comme au sein des profondes vallées
S'embrassent follement deux rivières mêlées,
Étant deux, nous serons un seul. Que nous songions
Aux combats, tu sauras mener tes légions
Au carnage, dans la mêlée affreuse et noire
Et caresser le sein meurtri de la Victoire ;
Et dans la belle Asie ou sur les bords du Nil
Subir la faim, la soif, la misère, l'exil.
Mais si tu fuis, laissant incomplète la tâche, —

Cléopâtre.

Eh bien ?

Antoine.

Moi, sur tes pas, je fuirai comme un lâche !

Cléopâtre.

Que dis-tu ? Toi le chef suprême, le vainqueur !
Toi le noble Antoine !

Antoine.

               Oui, nous n'aurons qu'un seul cœur
Ou soldat, tout sanglant sur son cheval numide,
Faisant voler la mort, ou bien femme timide,
Nous serons ce que tu voudras ! mais tous les deux !
Dût s'accomplir mon rêve, oui, ce rêve hideux
Qui me fait voir la mer hurlant sous la poursuite
D'Octave triomphant, et nos voiles en fuite !

Cléopâtre.

Non ! Le sort est pour nous. Je suis forte, ô mon roi !
Mon héros !

Antoine, extasié.

       Meure donc tout ce qui n'est pas toi !
Ta bouche, cette rose amoureuse qui tremble,
Ravit mes yeux. Ensemble, ah ! dis, toujours ensemble,
Vivons, régnons. Le cher parfum de tes cheveux
M'enveloppe. Sois ma guerrière si tu veux,
Et laissant pour un jour notre chère inertie,
Vainqueurs de la Médie et de la Cilicie,
Triomphons ; puis ici, plus tard, couple indulgent,
Parlons aux rois du haut d'un tribunal d'argent !

Ou, si tu l'aimes mieux, que chaque jour se noie
Dans les fêtes; buvons la pourpre de la joie,
Et, comme les doux fruits savoureux d'un verger,
Cueillons sans fin les jours!

SCÈNE IX

ANTOINE, CLÉOPATRE, CHARMION.

Charmion, entrant.

Seigneur, un messager
D'Octave, pour te voir, arrive en toute hâte.
Il est là.

Antoine.

Maudit soit l'importun qui me gâte
Ce bel instant!

Charmion.

César, dit-il, est irrité
Et réclame ton prompt retour.

Antoine, en proie à une soudaine colère.

En vérité !
Que ce messager-là cherche d'autres auberges
Que nos palais. Ou bien, qu'il soit battu de verges.

Cléopâtre, hypocritement.

Le pauvre homme ! C'est trop de cruauté. Battu
De verges !

Antoine.

Eh bien ! qu'on le chasse.

Cléopâtre.

Y penses-tu ?
Sachons du moins son nom.

Antoine.

Pourquoi faire ? On le nomme :
Trop tard !

Cléopâtre.

Un tel éclat, c'est la brouille avec Rome !

Antoine, impassible.

Va, Charmion.

Charmion sort.

SCÈNE X

ANTOINE, CLÉOPATRE.

Antoine.

Qu'importe Octave ? Tout est bien
Puisque j'ai Cléopâtre, et le reste n'est rien !
Oublions. Ravis-moi. Parle !

Cléopâtre.

Que puis-je dire,
Quand ce que tu veux, tout mon être le désire !
Pourtant je parlerai, cher seigneur, si ma voix
Te plaît.

Antoine.

Quand je te vis pour la première fois,
C'était sur le Cydnus. Le flot semblait sourire.
Tu voguais, étonnant les cieux, sur un navire
Dont la poupe était d'or ; le radieux soleil
Sur ses voiles de pourpre étincelait vermeil ;
Les avirons étaient d'argent, et pleins de joie

Tremblaient et frissonnaient les cordages de soie.
Toi, couchée à demi sous un pavillon d'or,
Et portant les habits de Vénus, mais encor
Plus belle que Vénus, et gardant une pose
Divine, tu brillais dans tes voiles de rose!
Tu montrais un lien de fleurs pour bracelet;
L'air était embaumé des parfums qu'on brûlait
Sur ton vaisseau. Le peuple et moi, nous t'adorâmes.
Des lyres par leurs chants guidaient le vol des rames,
Et les flûtes mêlaient leurs voix à ce concert.
Tout le troupeau charmant qui t'adore et te sert,
Nymphes, Divinités, Grâces aux fiers visages,
Néréides, faisaient obéir les cordages,
Ou de leurs belles mains tenaient le gouvernail,
Et de petits Amours agitaient l'éventail,
Afin de rafraîchir la reine de Cythére,
Vénus, l'enchantement et l'orgueil de la terre!

Cléopâtre.

Puis Vénus amusa par un festin le dieu
Bacchus; il savoura les vins d'or et de feu,
Et les rires alors voltigeaient sur sa bouche,
Car, ce jour-là du moins, le conquérant farouche
Était dompté.

Antoine.

Je veux retrouver ma Vénus!

Oui, celle que mes yeux virent sur le Cydnus,
Et qui, dans une étrange et formidable fête,
Me nomma son vainqueur.

<small>Charmion entre et parle bas à Cléopâtre.</small>

SCÈNE XI

ANTOINE, CLÉOPATRE, CHARMION.

Cléopâtre.

Eh bien ! la table est prête,
Ami, pour un festin pareil à celui-là !
Dans la salle où mon fier caprice amoncela
De hauts entassements de colonnes et d'arches,
Des escaliers, formés par des milliers de marches
De porphyre et de jaspe, où les colosses noirs
S'irisent, réfléchis comme par des miroirs ;
Des griffons d'or, des sphinx dont l'œil médite et souffre, —
Voyant en haut s'ouvrir le ciel bleu comme un gouffre,
Nous aurons tout à coup les éblouissements
De plus de feux que n'ont d'astres les firmaments !
Servis par des enfants d'Asie et par des reines,

Nous mangerons les paons et la chair des murènes,
Les sangliers rôtis et pleins d'oiseaux vivants;
Nous aurons des bouffons alertes et savants,
Et, buvant le Massique aux divines brûlures,
Nous essuierons nos mains avec des chevelures.
Des danseuses, en leur délire agile et prompt,
Poseront en passant leurs lèvres sur ton front;
Le tympanon railleur, la sambuque, le sistre
Empliront de leur bruit la nuit bleue et sinistre;
Comme sur le Cydnus, je parerai mes bras
Avec des bracelets de roses; tu verras
Celle dont la prunelle en ton regard se plonge,
Attentive, épiant ton désir, comme en songe,
Et nous rirons, pareils aux Dieux olympiens,
Car je suis ton esclave et ta maîtresse.

Antoine, fasciné, embrassant amoureusement Cléopâtre
et l'entraînant.

Viens!

SCÈNE XII

CHARMION, au public.

Voilà comment on perd les trônes. Une femme

Vient, et change le sort de Rome et de Pergame.
Et celui qui, faisant frémir les ailerons
Des Victoires, enflait jadis les durs clairons,
Est pareil au tremblant agneau que mène un pâtre.
Mais au prix de tenir en ses bras Cléopâtre,
Qui ne voudrait tomber d'une telle hauteur?
Dites! — Et pardonnez les fautes de l'auteur.

TABLE

OCCIDENTALES

A Pierre Véron.	3
La Satyresse, frontispice, d Léopold Flameng.	7
La Pauvreté de Rothschild.	9
Courbet, seconde manière.	12
Molière chez Sardou.	15
Ballade du premier jour de l'an, pour les étrennes de tout le monde.	18
Soyons carrés.	20

A la Biche empaillée qui figurait à la Porte-Saint-Martin dans *La Biche au Bois*.	25
A vol d'oiseau	29
Le Thiers-Parti	32
Pièces féeries	35
Chez Monseigneur	38
Inventaire	43
Le Siècle à Aiguille	47
Tristesse de Darimon	51
L'Œil crevé	54
Démolitions	57
La Criminelle	60
Masques et Dominos	65
Le Petit-Crevé	72
Le Lion amoureux	76
Satan en colère	80
Pénélope et Phryné, *à Charles Marchal*.	84
Leroy s'amuse	88
Et Tartuffe?	92
La Balle explosible	95
Embellissements	98
Le Budget	102
Triolets	105
La Mitrailleuse	109
Périphrases	113
Trop de Cigarettes	116
Chez Guignol	119
Un Chant National, s'il vous plaît	123
Madame Polichinelle	126
Delirium tremens	130
Donec gratus....	134

TABLE 301

Ancien Pierrot. 136
Chez Bignon, églogue. 141

RIMES DORÉES

Au Lecteur 151

L'Aube romantique, à Charles Asselineau. 153
La Lyre dans les Bois. 162
Une Fête chez Gautier. 168
Conseils à un Écolier 174
Pas de Feuilleton, à Ildefonse Rousset. 177
Au Pays Latin 185
Marie Garcin. 191
Promenade galante, à Edmond Morin. 192
A Gérard Piogey 193
A Albert Glatigny. 194
A Claudius Popelin 195
A Alphonse Lemerre. 196
A Jules Claye. 197
A Gabriel Marc. 198
Le Musicien. 199
L'Échafaud 200
La Blanchisseuse. 201
Le Pompier. 202
La Danseuse, à Henry Regnault. 203
A Charles Desfossez. 204
Le bon Critique. 206

A la Jeunesse. 209
Le Théâtre, d Jules Bounassies. 213
A Eugène Delacroix. 218
L'Ame victorieuse du Désir. 222
L'Apothéose de Ronsard, prince des poëtes français. . 227

RONDELS

A Armand Silvestre 235

I.   Le Jour. 240
II.   La Nuit. 241
III.   Le Printemps 242
IV.   L'Été. 243
V.   L'Automne. 244
VI.   L'Hiver. 245
VII.   L'Eau. 246
VIII. Le Feu. 247
IX.   La Terre 248
X.   L'Air. 249
XI.   Le Matin. 250
XII. Le Midi. 251
XIII. Le Soir. 252
XIV. La Pêche 253
XV. La Chasse. 254
XVI. Le Thé 255
XVII. Le Café. 256
XVIII. Le Vin 257

XIX. Les Étoiles 258
XX. La Lune. 259
XXI. La Paix. 260
XXII. La Guerre. 261
XXIII. Les Métaux 262
XXIV. Les Pierreries 263

LA PERLE

La Perle. Comédie héroïque. 265

Paris. — Imp. A. Lemerre, 25, rue des Grands-Augustins.

3. - 1172.

PETITE BIBLIOTHÈQUE

ŒUVRES

DE

THÉODORE DE

Les Cariatides
Les Stalactites

Le Sang de la Coupe

Les Exilés

Odes funambulesques

Paris

www.ingramcontent.com/pod-product-compliance
Lightning Source LLC
Chambersburg PA
CBHW071517160426
43196CB00010B/1553